KB117664

플랫포노베이션하라

플랫포노베이션하라

1판 1쇄 발행 2022. 7. 6.
1판 3쇄 발행 2022. 9. 20.

지은이 박희준

발행인 고세규
편집 임여진 디자인 지은혜 마케팅 백미숙 홍보 이한솔
발행처 김영사
등록 1979년 5월 17일(제406-2003-036호)
주소 경기도 파주시 문발로 197(문발동) 우편번호 10881
전화 마케팅부 031)955-3100, 편집부 031)955-3200 | 팩스 031)955-3111

저작권자 ⓒ 박희준, 2022
이 책은 저작권법에 의해 보호를 받는 저작물이므로
저자와 출판사의 허락 없이 내용의 일부를 인용하거나 발췌하는 것을 금합니다.

값은 뒤표지에 있습니다.
ISBN 978-89-349-6166-6 03320

홈페이지 www.gimmyoung.com   블로그 blog.naver.com/gybook
인스타그램 instagram.com/gimmyoung 이메일 bestbook@gimmyoung.com

좋은 독자가 좋은 책을 만듭니다.
김영사는 독자 여러분의 의견에 항상 귀 기울이고 있습니다.

플랫포노베이션하라

PLATFOR NOVATION

플랫폼의 핵심을 꿰뚫는 6개의 질문

박희준 지음

김영사

차례

2. 플랫포노베이션이 열어가는 새로운 시대

3. 플랫폼 시대 개인과 기업의 생존법

5. 플랫폼 비즈니스의 승자는 누구인가

6. 플랫폼에서 선택받는 노동자가 되려면

불확실성 시대의 대안, 플랫포노베이션

18세기 산업혁명과 함께 시작된 산업사회에서는 시장의 공급을 늘리는 것이 우선이었다. 매출을 늘리려는 기업과 세수를 늘리려는 정부가 이해관계를 같이하면서 시장은 공급을 늘리는 데 최적화되어갔다. 정부와 기업은 시장을 분업화하고 표준화된 영역 간의 연계를 통해 효율적인 소품종 대량 생산 체제를 만들어냈고, 이를 기반으로 대중 소비가 일어나면서 시장이 폭발적으로 성장했다.

그러나 21세기를 맞이하면서 시장에 과잉 공급 현상이 나타나고 사용자의 다양한 욕구가 분출되면서, 최근 기업의 화두는 다양하고 까다로운 사용자의 욕구를 충족시키는 다품종 소량 생산 체제를 저비용으로 구축하는 것이 되었다.

여기서 플랫폼이 등장한다. 플랫폼에서는 '모듈(최소한의 기능을 구현하는 단위)'로 쪼개진 제품과 서비스가 다양한 조합으로 제공된다. 공급자는 고객별 맞춤식 제품을 최저 비용으로 공급할 수 있고, 사용자는 기존 시장의 영역 구분을 넘어 자신의 욕구를 충족시키는 선택을 할 수 있다.

플랫폼은 또한 불확실성에 대응할 수 있는 실험의 장을 제공한다. 인터넷이 소개되고 세계 경제가 거대한 네트워크로 연결되면서 우리는 지구 반대편 지역에서 발생하는 정치적, 경제적, 사회적 갈등이 우리의 삶에 영향을 미치는 시대를 살고 있다. 유럽 재정 위기, 미국 금융 위기, 미국과 중국 간의 무역 갈등, 코로나19로 와해된 글로벌 공급망, 러시아-우크라이나 전쟁으로 요동치는 원유와 천연가스 가격 등 지구 곳곳에서 이어지는 사건으로 시장의 불확실성은 갈수록 커지고 있다.

국내 사정도 한 치 앞이 보이지 않기는 마찬가지다. 신기술로 구동되는 플랫폼 기반의 시장이 확장되면서 이해 집단 간의 대립이 심해지고 있다. 게다가 다양한 이해관계를 조정하는 정부 역할의 한계가 드러나면서 정책적 불확실성까지 커지는 상황이다. 변화를 거부하는 기존 사업자와 변화를 견인하는 신규 사업자 간의 갈등을 정치적 접근을 통해 해결하려고 하면서 시장은 혼란스러워지고, 기업들이 국경을 넘어 빠르게 시장을 확대해나가는 과정에서 기업의 매출 증대가 정부의 세수 증가로 이어지는 공식이 더는 유효하지 않게 되었다. 산업사회의 성장을 견인했던 기업과 정부의 협업 관계에 금이 가기 시작한 것이다. 노동과 조세 정책도 정부와 기업이 이견을 보이면서 시장의 새로운 뇌관이 되고 있다.

미래 예측, 계획 수립, 계획 실천으로 이어지는 경영 프로세스가 이제 작동하지 않고 있다. 예측이 불가능하거나 무의미한 상황에서 대안은 실험이지만, 실험에 의한 접근은 더 큰 비용을 발생시킨다. 비용을 최소화하면서 시장이 요구하는 조합을 만들어낼 수 있는 공간, 플랫폼이 주목받는 이유다.

빅데이터와 인공지능 등의 기술로 구동되는 플랫폼을 활용한다면 저비용으로 시장이 요구하는 조합을 만들어낼 수 있다. 미래 기업의 과제는 제품과 서비스뿐만 아니라 프로세스와 기능을 포함한 모든 자원을 모듈화하고 플랫폼을 통해 운용하면서 위험을 관리해나가는 것이다.

불확실성 시대의 생존과 성장을 위한 플랫폼platform 기반의 혁신innovation, '플랫포노베이션platfornovation'이 요구되는 시대가 왔다. 앞으로는 빅데이터와 인공지능, 더 나아가 양자컴퓨팅의 발전이 모듈 간의 조합을 구성하는 비용을 획기적으로 줄여나갈 것이다. 또 플랫폼이 확산되면서 기하급수적으로 증가하고 있는 계약 관계를 공정하고 생산적으로 관리하기 위한 수단으로 블록체인이 주목받을 것이다. 그리고 플랫폼에서 이루어지는 모듈 간의 상호 작용은 메타버스를 통해서 생산적으로 진화해나갈 것이다.

한편, 사회 구성원들은 산업사회와 새로운 문명의 중간 지대에 서 미래에 대한 불안감에 휩싸여 있다. 산업사회의 틀로 해석할 수 없는 사건들이 일어나면서 삶의 방향성을 잃어가기 때문이 다. 그러나 무의미해 보이는 사건들 속에도 질서가 숨어 있다. 실 험을 통해 사건 간의 연결고리를 찾아내고 연속되는 사건들을 큰 흐름 속에서 해석하며, 능동적으로 변화를 관리해야 한다. 플 랫폼 관점에서 시장을 바라보고 대안을 찾지 못하면 낙오될 것 이다.

변화의 속도를 살펴보면 우리에게는 시간이 별로 없다. 수렵사 회가 농경사회로 변화하는 데 1만 년이 걸렸고, 농경사회가 산업 사회로 진화하는 데 300년이 걸렸지만, 산업사회가 또 다른 사회 로 진입하는 데는 30년도 채 걸리지 않을 것이다. 서둘러 변화의 방향성을 읽어내고 새로운 사회로의 진입을 준비해야 한다.

《플랫포노베이션하라》는 불확실성이 증가하면서 산업사회가 직면한 문제들을 해결할 수단으로 플랫폼 기반의 혁신, 플랫포노 베이션을 소개한다. 플랫폼이 견인하는 새로운 문명사회에 대한 구조적인 이해를 돕기 위해 역사적 흐름 속에서 플랫폼의 등장

배경을 소개하고 시장의 변화 속 신기술의 역할에 대한 이야기까지 담아냈다. 지엽적인 정의나 기술적인 운영 방법론이 아닌 역사적, 철학적 관점의 접근을 통해 플랫폼과 시장의 변화를 구조적으로 이해하는 통찰력을 가질 수 있길 바란다.

PLATFORNOVATION

1

당신이 지금 플랫폼을
알아야 하는 이유

1

플랫폼이란 과연
무엇인가

- 최초의 플랫폼 사업자, 다이너스클럽의 성공 비결은?
- 오일장과 카카오톡의 공통점은?
- 이마트는 플랫폼이 아니고, 넷플릭스는 플랫폼인 이유는?
- 플랫폼은 시장을 어떻게 재편하고 있는가?

비까지 내려 더 춥게 느껴지는 영하의 추운 겨울, 중무장을 한 배달대행업체 배달원이 오토바이를 옆에 세워둔 채 커다란 방수 케이스를 씌운 스마트폰을 초조하게 바라본다. 손가락은 배달대행업체 앱의 콜 수락 버튼에 고정되어 있다. 앱을 통해 음식을 주문하는 고객의 콜을 주변에 있는 배달원보다 먼저 잡기 위함이다. 콜을 잡은 배달원은 약속된 시간에 음식을 배달하기 위해 때로는 신호도 무시하며 오토바이를 타고 내달린다.

배달대행업은 우리 일상의 대표적인 플랫폼이다. 배달대행업의 수요는 2020년 초 코로나19가 유행하면서 급속히 늘어났다. 배달 서비스를 제공하지 않던 음식점들이 줄어든 매출을 회복하기 위해 배달대행업체를 통해 서비스를 시작했으며, 이미 서비스를 제공하던 음식점 업주들도 배달 인력을 유지하고 관리하는 비용을 줄이기 위해 배달대행업체를 이용하고 있다. 서비스 이용자들은 배달대행업체가 등장하면서 이전보다 다양한 음식을 가정에서 즐길 수 있게 되었다. 배달대행업체를 통해서 음식점 업주와 서비스 이용자, 모두가 각자의 욕구를 충족시킬 수 있는 환경이 구현된 것이다. 이처럼 플랫폼은 잉여 자원을 활용하여 시장의 효율성을 높일 수 있다. 공급자는 비용을 줄이면서 맞춤식 제품과 서비스를 제공하고, 사용자는 그것을 제공받는 공간이다.

그러나 플랫폼이 완벽한 공간은 아니다. 플랫폼에는 예상치 못한 변수들이 끊임없이 나타난다. 예를 들어 배달 서비스 플랫폼 사업자들이 '갑질' 논란의 중심에 서기도 했다. 배달대행업체들은 서비스를 안정적으로 제공하기 위해 근무 시간과 조건을 정해놓고 배달원들을 관리했는데, 시장이 형성되던 초기에는 배달원을 확보하기 위해 이 조건을 유연하게 운영하고 수수료도 매력적인 수준에서 책정했다. 하지만 시장으로 유입되는 배달원의 수가 증가하자 업체의 교섭력이 커지면서 근무 조건과 수수료 수준이 악화했다. 고용주의 눈치를 볼 필요 없이 원하는 만큼 일하고 일한 만큼 벌기 위해 배달대행업 시장에 진입한 배달원들의 기대와 현실이 다른 방향으로 흘러간 것이다.

하지만 배달대행업체를 이용하는 사용자가 급증하면서 시장에 또 다른 변곡점이 만들어졌다. 증가하는 배달대행 수요를 배달원의 수가 따라가지 못하면서 배달원들의 교섭력이 커진 것이다. 자연스럽게 배달원들은 유사 업종에 종사하는 노동자들에 비해 높은 수익을 올릴 수 있었고, 대리운전이나 택시 업계에 종사하던 노동자들도 배달대행업계로 유입되었다. 배달대행업계로 유입되는 배달원의 수가 지속해서 증가하고 있지만, 여전히 배달원의 수가 배달대행업의 수요를 따라가지 못하는 상황이다.

한편 서비스 사용자와 배달원 등 배달 플랫폼 참여자의 수가 지속해서 증가하면서 배달 플랫폼 사업자들은 수익을 확대하기 위해 배달 수수료를 인상하고 있다. 하지만 배달 수수료를 시장이 받아들일 수 있는 수준 이상으로 책정할 경우, 사용자들이 배달대행업 시장을 떠날 것이다. 서비스 수요가 줄면 배달원들도 시장을 떠날 것이고 플랫폼이 와해되는 상황에 놓일 수 있다. 플랫폼 사업자, 서비스 이용자, 배달원 모두가 상생할 수 있을 때 배달 서비스 플랫폼은 지속해서 성장해나갈 것이다.

플랫폼은 공급자와 사용자, 이해관계를 달리하는 2개 혹은 그 이상의 참여자 집단이 상호작용하며 이익을 취하는 양면 시장이다. 플랫폼에 참여하는 집단이 균형적으로 성장해야 참여자와 플랫폼 운영자 간의 균형적인 역학 구도가 만들어지면서 플랫폼이 건강하게 성장할 수 있다.

플랫폼의 성장이 시장을 어떻게 변화시킬 것인가? 그 답을 알기 위해서는 먼저 "플랫폼이란 무엇인가?"라는 질문에 답할 수 있어야 한다. 1장에서는 플랫폼을 정의하고 그 유형을 분류하는 데서 시작해, 플랫폼의 성장과 함께 시장의 구조가 어떤 방향으로 진화해나갈지 살펴보고자 한다.

우리의 삶을 지배하는 플랫폼

'플랫폼'이라는 단어를 들으면 무엇이 떠오르는가? 아마존과 쿠팡같이 다양한 제품을 사고팔 수 있는 전자상거래 사이트, 배달의민족과 쿠팡이츠 같은 음식 배달 서비스 앱이 떠오를 것이다. 카카오톡, 페이스북, 트위터 등 소통의 공간을 제공하는 소셜 미디어나 다양한 정보로 접근할 수 있는 구글과 네이버 포털이 떠오를 수도 있고, 넷플릭스, 디즈니+, 유튜브 등 다양한 콘텐츠를 제공하는 온라인동영상서비스OTT, 혹은 윈도우, iOS, 안드로이드 운영체제를 떠올릴 수도 있다. 이처럼 일상과 함께하는 플랫폼이지만, 플랫폼을 한마디로 정의하기란 쉽지 않다.

플랫폼의 사전적 의미는 '역에서 기차를 타고 내리는 곳'이다. 플랫폼에서 승객들은 비용을 지불하고 이동 수단을 제공받으며, 철도 운영사는 비용을 지불받고 이동 수단을 제공한다. 플랫폼이란 공간을 통해서 가치를 교환하는 것이다. 한편 모여드는 승객에게 부가적인 가치를 제공하기 위해 편의점, 식당, 지역 특산물과 여행용품을 판매하는 상점 등이 플랫폼에 입점한다. 일정 수준의 유동 인구가 발생하면 쇼핑몰, 렌터카 영업소 등도 주변에 자리를 잡으며 새로운 가치를 더한다.

결국 플랫폼은 '참여자들이 상호작용을 통해서 가치를 교환하는 공간'이라 할 수 있다.

최초의 플랫폼 사업자는
누구일까?

세계 최초의 플랫폼 사업자는 1949년 뉴욕에서 탄생했다. 맨해튼에 거주하던 사업가 프랭크 맥나마라는 종종 지갑을 집에 두고 나가 식당에서 식사를 한 후에 결제 때문에 곤란을 겪었다. 그는 현금과 수표를 지니고 다니지 않아도 식사 대금을 결제할 방법을 고민하던 끝에 신용카드, 다이너스클럽Diners Club을 고안해낸다.

현재에는 가맹점이 수수료를 지불하지만 초기 신용카드 시장에서는 사용자들이 7퍼센트에 가까운 수수료를 지불했다. 그럼에도 신용카드 시장은 1950년대 뉴욕을 중심으로 급성장했다. 사용자는 현금과 수표를 지니지 않아도 대금을 결제할 수 있는 편의성을 누렸고 공급자(식당 업주)는 가맹점이 됨으로써 광고비 지출 없이도 신용카드 사용자들을 중심으로 충분한 광고 효과를 얻을 수 있었기 때문이다. 사용자와 공급자 간에 윈윈 구조가 만들어진 것이다.

다이너스클럽은 시장의 문제를 해결하는 과정에서 운영자와 참여자 모두가 함께 성장하면서 윈윈 하는 비즈니스모델을 만들어 성공했다. 이처럼 플랫폼은 참여자 모두가 각자의 욕구를 채우며 상생할 수 있는 공간이다.

플랫폼이 주목받는 이유는 플랫폼을 통해서 참여자들이 각자의 욕구를 채우는 데 최적화된 가치를 만날 수 있기 때문이다. 식구들마다 선호하는 음식이 달라 외식 때 식당을 고르기 어려웠던 가정은 배달의민족을 통해서 고민을 해결할 수 있다. 각자 원하는 음식을 앱으로 주문한 후에 배달된 음식을 식탁에 올려놓고 다 함께 식사를 즐기는 것이다. 또한 식당에 고용되어 출퇴근 시간을 지켜가며 주어진 배달을 하기보다는 원하는 시간에 원하는 만큼 일하고 수익을 올리고자 하는 배달원의 고민도, 배달원을 상시 고용하고 관리하는 노력과 비용을 줄이기 위해 필요할 때마다 건별로 비용을 지불하고자 하는 음식점의 고민도 배달의민족을 통해서 해결된다. 음식 배달 서비스 플랫폼에서 주문자, 배달원, 음식점 모두가 원하는 가치를 교환하면서 욕구를 충족한다.

플랫폼이 주목받는 또 다른 이유는 확장성이다. 플랫폼은 참여자의 수가 증가하는 과정에서 그들의 다양한 욕구를 충족시키기 위해 더 많은 가치를 제공하면서 영역을 확장해간다. 단순히 승객들에게 이동 수단을 제공하는 장소였던 승강장(플랫폼)이 유동 인구가 늘어날수록 그들에게 부가적인 가치를 제공할 수 있는 편의점, 식당, 지역 특산물과 여행용품 상점 등을 끌어들이는 것과 같은 이치다.

카카오톡이 대표적이다. 문자, 음성, 화상 등 다양한 형태의 미디어를 통해서 소통할 수 있고, 복수의 상대와도 동시에 소통할 수 있으며, 파일을 주고받으면서 협업을 할 수 있는 공간을 제공하는 카카오톡은 소셜 미디어로서도 다양한 가치를 제공해왔지만, 거기서 더 나아가 사용자들에게 카카오톡이라는 접점을 통해서 다양한 욕구를 충족시킬 수 있는 서비스를 동시에 제공하는 생활 밀착형 플랫폼으로 성장하고 있다. 택시와 대리기사 호출, 주차, 쇼핑, 음식 배달, 검색, OTT까지 다양한 영역으로 사업을 확장 중이다.

물론 이런 플랫폼이 현대 사회에만 존재하는 것은 아니다. 현재 일부 지역에 남아 명맥을 유지하고 있는 오일장은 20세기 초까지만 해도 전국 1,000여 군데에서 운영되었다. 대도시를 제외하고 인구 밀도가 낮은 대부분 지역에서는 간헐적으로 발생하는 거래만으로 상점을 상시 운영하기가 어려웠기 때문에 장을 연 것이다. 장이 열리는 날은 곡물이나 가축을 팔고자 하는 농민과 다른 지역에서 생산되는 생필품을 팔고자 하는 보부상 그리고 물건을 사고자 하는 주민들로 장터가 넘쳐났다.

오일장도 카카오톡처럼 장터에 모여드는 주민들에게 다양한 가치를 제공하기 위해 영역을 확장해갔다. 처음에는 주로 지역에서 생산되는 곡물과 옷감, 농사에 필요한 가축 등이 거래되었지만, 이내 담배, 거울, 단추, 화장품 등으로 거래 품목이 다양해졌다. 상품 거래뿐만 아니라 금융 거래도 이루어졌으며, 지역 주민들이 어울려 마당놀이를 즐기고 주막에서 목을 축이며 정보를 나누는 문화 공간이 제공되기도 했다. 다만 현재 구동하는 플랫폼은 발전된 기술을 토대로 시간과 공간의 제약을 극복하고 참여자 기반을 확대하면서 보다 다양한 가치의 거래가 가능해졌다.

> 플랫폼을 '공급자와 사용자 간의 상호작용을 통해 가치를 창출하는 비즈니스모델'로 한정해서 정의할 필요는 없다. 플랫폼 경제를 이해하기 위해서는 플랫폼을 소통 방식, 협업 방식, 자원 관리 방식, 생산 방식으로까지 확대해서 정의하고 이해해야 한다.

플랫폼 기반의 생산 방식을 예로 들어보자. 제품에 모두 적용하기 어려울 만큼 다양한 고객의 요구 사항이 존재하는 상황에서, 공급자의 과제는 증가하는 비용을 최소화하면서 고객별로 맞춤 제품을 생산하는 것이다. 제품의 기본 구조와 핵심 부품 등을 공유하면서 고객의 요구에 따라 일부 디자인과 부품을 달리 적용하면, 증가하는 비용을 최대한 줄이면서 다양한 맞춤 제품을 생산할 수 있다. 물론 제품을 모듈화하고 모듈 간의 상호 운용성을 확보해야 가능한 접근이다. 이때 하나의 기본 구조와 핵심 부품을 공유하는 제품군을 플랫폼으로 정의할 수 있다.

대부분의 완성차 업체는 이러한 플랫폼 생산 방식을 통해서 주문형 다품종 소량 생산 체계를 구축하고 있다. 사용자와 공급자가 상호작용하는 과정에서 사용자의 요구 사항이 플랫폼을 통해서 모듈 간의 다양한 조합으로 자동차에 반영된다. 아직은 수요가 많은 선택 사양의 묶음으로 구성된 몇 가지 모델 중에 차를 선택해서 구매해야 하지만, 앞으로는 차종별로 원하는 사양만을 선택해 구매할 수 있는 자동차 시장이 열릴 것이다.

또한 플랫폼은 환경의 급속한 변화에 따라 조직에 요구되는 기능과 프로세스를 효율적으로 운영할 수 있는 대안으로도 정의될 수 있다. 세계 최대 온라인 게임 개발 및 유통 플랫폼을 운영하는 밸브Valve Corporation는 기업 내에 정의된 부서가 존재하지 않으며, 모든 사무용 가구와 기기에는 바퀴가 달려 있다. 구성원들은 참여하고자 하는 프로젝트를 선택한 뒤 가구를 가지고 프로젝트가 진행되는 공간으로 이동한다. 구성원들의 경험과 역량이 뭉치고 흩어지기를 반복하면서, 조직 내에서 생성되는 프로젝트가 요구하는 기능과 프로세스를 만들어낸다.

플랫폼은 다양한 목적을 가지고 다양한 형태로 존재하기 때문에 정의하기가 쉽지 않지만, 플랫폼의 존재 이유와 철학은 명확하다. 바로 참여자 간의 가치 교환에 기반을 둔 상생이다. 따라서 상호작용을 통해 가치를 교환하면서 참여자 욕구를 채울 수 있는 공간은 모두 플랫폼으로 정의될 수 있다. 고려 시대부터 지역별로 존재했던 오일장도, 최초의 신용카드 다이너스클럽도, 완성차 업체들의 맞춤식 다품종 소량 생산 방식도, 밸브의 조직 운영 방식도 모두 플랫폼으로 정의할 수 있는 이유다. 참여자 모두의 욕구가 균형적으로 충족될 때 플랫폼은 지속해서 성장할 수 있다. 그렇다면 플랫폼을 정의하기 위한 핵심 기준은 무엇일까?

> 플랫폼의 핵심 기준은 상호작용의 자율성이다. 상충하는 이해관계를 가진 복수의 집단이 충분히 자율적이고 직접적인 상호작용을 통해 가치를 교환할 때 플랫폼으로 정의될 수 있다.

이마트를 예로 들어보자. 이마트에 납품하는 공급자들과 이마트에서 제품을 구매하는 소비자들은 이마트가 운영하는 공간에서 마트의 가격 정책과 소비 촉진 활동을 통해 간접적, 제한적 상호작용을 하면서 각자의 욕구를 충족한다. 하지만 이마트는 플랫폼으로 보기 어렵다. 공급자와 소비자의 자율성이 낮기 때문이다.

이마트는 자원을 투입해 판매 제품의 선택, 수량 결정, 재고 관리 및 진열, 판매, 사후 처리 등을 통제하면서 마트를 폐쇄적으로 운영한다. 공급자는 이마트가 원하는 제품을 이마트가 원하는 시기에 이마트가 원하는 수량만큼 공급할 뿐, 소비자와 직접 상호작용을 하면서 소비자가 원하는 대로 공급할 수 없다. 소비자도 이마트에 의해 제한된 선택지 안에서 제품을 구매한다. 따라서 이마트는 소비자와 공급자 사이에 가치 교환을 위한 자율적이고 직접적인 상호작용이 발생하지 않기에 플랫폼으로 보기 어렵다.

단면, 양면, 다면? 다양한 플랫폼의 세계

플랫폼은 운영자와 참여자로 구성되며 참여자는 다시 사용자와 공급자로 구분될 수 있다. 그리고 플랫폼 구성원 간의 상호작용을 위한 규약이 존재한다. 규약에 정의된 운영자와 참여자의 역할 범위에 따라 플랫폼은 단면, 양면, 다면 플랫폼으로 분류할 수 있다.

단면 플랫폼은 상품을 플랫폼 운영자가 구매하여 재가공한 이후 소비자에게 판매하는 형식이다. 넷플릭스와 같은 OTT 사업자가 대표적이다. 이들은 제작자로부터 구매한 콘텐츠나 제작에 투자한 콘텐츠를 플랫폼을 기반으로 사용자에게 제공한다. 넷플릭스와 같이 단면 구조를 가진 플랫폼의 경우, 플랫폼에서 거래되는 상품의 품질을 관리하기 위해 공급자의 역할을 제한하면서 플랫폼을 폐쇄적으로 운영한다. 물론 운영자는 공급자로부터 다양한 상품을 낮은 가격에 확보해서 사용자의 선택 폭을 넓히기 위해서 노력한다. 그러나 콘텐츠 공급자가 플랫폼에서 소비자와 직접적인 상호작용을 통해 임의로 가격을 결정하거나 판매 촉진 활동을 계획할 수 없으므로 사용자의 선택은 제한될 수밖에 없다.

이런 폐쇄성 때문에 넷플릭스와 같은 단면 플랫폼은 오프라인에 존재하는 비즈니스모델을 온라인으로 옮겨놓은 것일 뿐 플랫폼으로 분류하기 어렵다고 보는 시각도 있다. 하지만 앞서 설명한 이마트 매장은 플랫폼으로 정의하지 않고 넷플릭스는 플랫폼으로 정의한 이유는 거래되는 재화의 특성 때문이다.

넷플릭스의 경우 물리적인 이동이 필요없는 무형의 재화를 온라인으로 유통하기 때문에 소비자의 수요와 평가가 상품 구성에 빠르게 반영되어, 직접적인 상호작용에 가까운 간접적인 상호작용이 공급자와 소비자 사이에 발생한다. 또한 콘텐츠는 유일무이한 특성이 있어서 공급자의 교섭력이 다른 시장에 비해 높고 운영자와 공급자 간의 상호작용이 자율적이지는 않지만 수평적인 관계 속에서 이루어진다. 이런 단면 플랫폼의 경쟁력은 운영자와 참여자 간의 관계를 수평적으로 만들고, 참여자 간의 간접적인 상호작용을 직접적인 상호작용에 가깝게 만드는 것이다.

양면 플랫폼은 공급자와 사용자를 연결해주되, 둘 사이에 직접적인 거래가 발생한다. 운영자는 이베이와 같이 공급자와 사용자를 연결해준 대가로 수수료를 취하거나, 유튜브와 같이 공급자와 사용자가 만나는 접점에서 광고로 수익을 만든다. 따라서 양면 플랫폼의 경쟁력은 참여자의 탐색 및 거래 비용을 낮추어 참여자 수를 증가시킴으로써 참여자가 더 많은 가치를 교환할 수 있도록 교차 네트워크 효과를 확산하는 것이다. 공급자가 늘어나면 공급자 간의 경쟁으로 상품 가격이 내려가고, 가격이 내려가면 사용자가 몰려든다. 사용자가 늘어나면 다양한 공급자가 모여들고, 결국 사용자들은 다양한 상품을 낮은 가격에 구매할 수 있게 된다. 이러한 선순환적인 생태계가 양면 플랫폼의 지향점이다.

한편 양면 플랫폼은 단면 플랫폼과 비교하면 개방성이 높고 운영자의 역할이 축소되기 때문에 플랫폼을 통해 교환되는 가치의 품질이 저하될 수 있다. 이를 체계적으로 관리할 수 있는 기제를 구축하고 운영하는 것이 가장 큰 과제다.

다면 플랫폼은 복수의 양면 플랫폼이 존재하는 플랫폼으로, 다양한 영역에서 이해 집단을 연결하고 가치를 교환하는 환경을 제공한다. 카카오가 대표적이다. 카카오는 플랫폼을 통해서 쇼핑, 금융, 음식 배달, 택시 및 대리운전 호출, 게임, 미용실 예약, OTT, 음원 서비스 등 다양한 서비스를 제공한다. 사용자 관점에서는 하나의 플랫폼을 통해서 다양한 서비스를 제공받을 수 있다는 장점이 있다. 따라서 다면 플랫폼의 경쟁력은 확장성이다.

카카오, 페이스북 등 대부분 다면 플랫폼은 SNS를 기반으로 성장해서 충분한 고객 기반을 확보한 후에 영역을 확장해가며 생활 밀착형 플랫폼으로 성장한다. 이때 다면 플랫폼 운영자는 기존 플랫폼 참여자들이 특정 영역에서 공통으로 경험하고 있는 문제를 찾아내어 정의하고, 문제를 해결하기 위한 대안을 기존 플랫폼과 연계하여 제공해야 한다.

플랫폼과 진화하는 시장의 미래

최근 기업들은 불확실하고 성장이 둔화하는 현재 상황에 대처할 방법을 플랫폼 기반의 비즈니스모델에서 찾아가고 있다.

플랫폼이 견인하는 시장의 미래는 3가지 키워드로 정리될 수 있다. 자산의 소유와 운용 주체 분리, 재중개인의 등장, 시장 통합(승자독식)이다.

먼저 자산을 소유하고 있는 주체와 자산을 활용해서 가치를 창출하는 주체를 분리하면, 소유하고 있지만 사용하지 않는 유휴 자원을 활용해 가치를 창출할 수 있다. 플랫폼 기반의 비즈니스모델은 시장의 효율성을 높일 뿐만 아니라 소유 주체로부터 분리된 자산 간의 다양한 조합을 통해 시장의 효과성도 높여줄 것이다. 에어비앤비는 플랫폼을 기반으로 개별 숙박 시설 소유자와 사용자를 연결해 가치를 창출한다. 유휴 숙박 시설을 활용하여 새로운 숙박 시설 건축을 위한 투자 없이도 사용자들의 다양한 요구를 충족하는 것이다. 승차 공유 서비스를 제공하는 우버, 온라인 공간에서 상점을 공유하는 네이버쇼핑 등도 유사한 사례가 될 수 있다.

또한 플랫폼을 기반으로 중개인들을 중개하는 '재중개인'이 등장하고 있다. 전문가들은 시장에 인터넷이 소개되고 생산자와 소비자를 직접 연결하는 전자상거래 업체들이 등장하면서, 소비자의 탐색 비용과 거래 비용이 감소하고 탈중개화 현상이 확산할 것이라고 예측했다. 인터넷을 통해서 각 항공사가 판매하는 항공권과 각 호텔이 판매하는 객실의 가격 비교가 쉬워지면서 소비자들이 항공권과 객실을 항공사와 호텔로부터 직접 구매함으로써 여행사와 같은 전통적인 중개업은 쇠락하리라는 것이었다.

하지만 예측과는 달리 중개인을 재중개하는 새로운 업종이 생겨났다. 소비자들은 상품을 구매할 때 중개인을 선택하고 그 중개인이 소개하는 상품을 선택하는 것이 아니라, 재중개인이 운영하는 플랫폼에서 상품을 선택하고 상품을 가장 좋은 조건으로 소개하는 중개인을 선택하는 것이다. 때로는 재중개인이 운영하는 플랫폼에서 각 중개인이 소개하는 상품 중 원하는 것들을 스스로 조합하여 구매하기도 한다. 네이버 호텔 예약 플랫폼(재중개인)에서 호텔(상품) 숙박 비용과 예약 조건을 비교한 후에, 원하는 가격과 조건을 제시하는 호텔을 익스피디아Expedia(중개인)에서 예약하는 식이다.

한편 중개인들은 소비자의 다양한 욕구를 충족시킬 수 있는 상품을 구성하기 위해 공급자에게 상품을 모듈화하여 공급하도록 압박을 가하고 있다. 이 과정에서 상품은 더욱 잘게 쪼개지고, 쪼개진 상품이 플랫폼에 한데 모여 조합되면서 시장이 통합되어 간다(파편화되어가는 상품과 통합되는 시장에 관해서는 4장에서 더 자세히 다룰 것이다).

플랫폼을 기반으로 시장이 통합되는 과정에서 승자독식 현상도 나타날 것이다. 소비자만을 고객으로 응대하는 전통적인 단면 시장에서는 여러 업체가 시장을 공유할 수 있었다. 대부분의 유통

업체들은 일정 수준의 수요가 발생하는 상품을 선택해, 자본이 감당할 수 있는 수준에서 재고를 관리하면서 공간이 허락하는 범위에서 상품을 진열해놓고 판매했다. 현대백화점이나 이마트와 같은 대형 유통 업체조차 취급할 수 있는 제품에 한계가 있었기 때문에 토이저러스나 하이마트같이 특정 제품군만 판매하는 업체가 공존할 수 있었다. 또 물류가 원활하지 못해 같은 제품을 취급하는 상점들이 지역별로 존재할 수 있었고, 소비자가 상품에 대한 제한적인 정보를 가지고 구매 결정을 했기 때문에 같은 지역에서 같은 제품을 취급하더라도 서로 경쟁하며 공존할 수 있었다.

하지만 소비자와 공급자가 디지털 기반의 플랫폼을 통해 직접 상호작용하는 양면 시장에서는 여러 업체의 공존이 불가능할지도 모른다. 아마존 플랫폼은 지구상에 존재하는 거의 모든 상품을 취급한다. 아마존이 등장하면서 공급자와 소비자가 직접 연결되어 수요가 간헐적으로 발생하는 상품조차 별다른 재고 관리 없이 판매할 수 있게 되었고, 물리적인 공간에 상품을 진열해놓고 판매하지 않기에 취급하는 제품군을 무한대로 확대할 수 있었다.

플랫폼의 성장과 함께 교차 네트워크 효과가 나타나면 공급자와 소비자가 몰려들면서 공급자는 더 많은 판매 기회를 얻을 수 있고 소비자는 더 싼 가격에 더 다양한 선택을 할 수 있다. 결국 아마존과 같이 시장을 독식하는 공룡 플랫폼이 등장한다. 이미 해외에서는 '아마존하다'라는 단어가 '쇼핑하다'라는 의미로 쓰이고 있다. 정보통신기술의 발달로 탐색 비용이 줄어들어 소비자가 원하는 상품을 세계 각지에서 어렵지 않게 찾아낼 수 있고, 물류의 발달로 세계 각지에서 생산되는 상품을 어렵지 않게 손에 넣을 수 있다. 오일장은 한 마을의 생산자와 소비자를 한 공간으로 불러 모았지만, 아마존은 세계 각지의 생산자와 소비자를 한 공간으로 불러 모으고 있다.

이처럼 구글, 페이스북, 마이크로소프트, 유튜브, 넷플릭스 등 대부분의 글로벌 플랫폼 사업자들은 국경을 넘어 각자의 영역에서 독점적 위치를 점하면서 세계 시장을 지배하고 있다. 이러한 현상은 유형의 재화를 취급하는 시장보다 무형의 재화를 취급하는 시장에서 더욱 심화될 것이다. 자본주의 경제의 폐해로 인식되는 독과점 구조는 경쟁에 기반을 둔 혁신 동기를 저하시킴으로써 결국 소비자의 후생에 부정적인 영향을 미치지만, 전통적인 단면 시장의 독과점 구조와 플랫폼에 기반을 둔 양면 시장의 독과점 구조는 달리 해석할 필요가 있다.

단면 시장에서 독과점 구조는 가치사슬 전반의 경쟁력 저하로 이어져 결국 소비자에게 피해가 돌아간다. 독과점 지위를 가진 기업에 대해 교섭력이 낮아진 공급자들은 지나치게 낮은 가격에 상품을 납품하면서 수익 구조가 악화된다. 공급자의 수익 구조 악화는 상품의 품질 저하로 이어져 소비자의 후생이 악화되는 결과를 초래한다. 또한 대안적 선택이 불가능한 소비자도 독과점 지위를 가진 기업에 대해 교섭력이 낮아져 품질이 낮은 상품을 비싼 가격에 구매해야 하는 상황에 놓인다. 하지만 양면 시장에서는 공급자도 소비자도 독과점 지위를 가진 플랫폼 사업자가 제공하는 단일화된 접점을 통해서 탐색과 거래 비용을 줄이고 원하는 상품을 사고팔면서 가치를 교환하는 구조를 만들어갈 수 있다.

단면 시장과 달리 양면 시장에서 나타나는 독과점 구조는 정부의 규제가 아닌 공급자와 사용자의 자율적인 대안적 선택에 의해서 쉽게 무너질 수 있다. 물론 또 다른 플랫폼을 선택할 경우 네트워크 효과 때문에 발생하는 전환 비용이 걸림돌이 되겠지만, 새로 등장하는 플랫폼은 참여자들이 지급해야 할 전환 비용을 낮추고, 플랫폼 사업자에 대한 참여자의 교섭력을 높은 수준에서 유지할 수 있는 대안을 제시하면서 기존 플랫폼이 지배하는 시장을 잠식해갈 것이다. 따라서 지속 가능한 플랫폼이 되기 위해서는 참여자들의 교섭력이 적당한 수준에서 유지될 수 있도록 노력하면서 교차 네트워크 효과를 지속적으로 만들어내야 한다.

플랫폼 기반의 양면 시장에서는 사업자에 의한 시장의 독과점 구조를 제한하기보다는 사용자와 공급자에 대한 플랫폼 운영자의 교섭력을 적절한 수준에서 제한하는 접근이 바람직하다. 세계 OTT 시장을 지배하는 넷플릭스라는 플랫폼이 존재하지 않았다면 〈오징어 게임〉이 이렇게까지 인기몰이를 할 수는 없었을 것이다. 그러나 넷플릭스 오리지널 시리즈인 〈오징어 게임〉의 지적 재산권이 플랫폼 사업자인 넷플릭스에 귀속됨으로써 제작에 투자된 비용을 제외한 대부분의 수익이 넷플릭스에게 돌아갔다.

물론 넷플릭스의 투자가 없었다면 열악한 국내 콘텐츠 제작 환경에서 〈오징어 게임〉이 제작되지 못했을 수도 있겠지만, 플랫폼 사업자의 교섭력이 높아지면서 공급자가 이익을 실현할 수 있는 여지가 줄어든 것이다. 이처럼 플랫폼 운영자가 수직 계열화(직접 또는 간접 투자를 통해서 생산부터 판매까지 필요한 기능을 직접 통제하는 전략)를 통해서 수익성이 좋은 상품을 직접 생산해서 판매할 경우 상생이라는 플랫폼의 구동 원리가 훼손될 수 있다.

플랫폼에 적합한 업종과 그렇지 못한 업종

기대와는 달리 초기 플랫폼 시장에서 여러 가지 폐해가 나타나고 있음에도 플랫폼에 대한 시장의 반응은 뜨겁다. 구글 검색 결과만 보아도 이 사실을 알 수 있다. 전통적으로 경영학에서 가장 자주 쓰이는 개념은 '전략strategy'이라는 단어로, 구글 검색 엔진이 시장에 소개된 이후 몇십 년간 경영학 분야에서 그보다 더 많은 검색 결과를 내놓았던 단어는 없었다. 그런데 2019년 3월 더 많은 검색 결과를 보여주는 단어가 등장했다. 바로 '플랫폼platform'이다. 구글에 'strategy'를 검색하면 11억 2,000여 건, 'platform'을 검색하면 12억 8,000여 건의 검색 결과를 확인할 수 있었고, 국문 '플랫폼' 검색 결과도 3,200만여 건에 달했다. 2022년 이 수치는 'platform' 40억 7,000만여 건, '플랫폼' 1억 2,300만여 건으로 약 4배 증가했다.

같은 시기에 글로벌 시가총액 상위 10위권 기업들에는 애플, 아마존, 구글, 페이스북, 알리바바, 텐센트 등의 플랫폼 비즈니스 기업이 위치했으며, 이 흐름은 지금까지 이어지고 있다. 글로벌 시가총액 순위를 100위권으로 확대해도 비율은 크게 다르지 않다. 최근 몇 년간 글로벌 시가총액 상위 순위에서 플랫폼 비즈니스

세계 시가총액 순위

	2019년 3월 말	2021년 3월 말
1	마이크로소프트	애플
2	애플	사우디 아람코
3	아마존	마이크로소프트
4	알파벳(구글)	아마존
5	버크셔 해서웨이	알파벳(구글)
6	페이스북	페이스북(메타)
7	알리바바	텐센트
8	텐센트	테슬라
9	존슨앤존슨	알리바바
10	엑손모빌	버크셔 해서웨이

출처: PwC

기업들의 비중이 급속히 증가했다.

플랫폼 비즈니스가 주목받는 이유는 플랫폼이 급속한 환경 변화 속에서 사용자도 공급자도 고정자산과 고정비용을 줄이고 위험 관리를 용이하게 하면서 서로가 원하는 경우의 수를 찾아갈 수 있는 대안으로 기대받기 때문이다. 불확실성과 복잡성에서 기인하는 문제들과 마주한 시장 주체들은 최첨단 기술로 구동되는 플랫폼이란 공간에서 시간과 공간의 물리적 제약을 극복해가면서 해답을 찾기 위해 노력하고 있으며, 지난 수년간 일부 시장에서 플랫폼이 만들어낸 성공을 확인하면서 다양한 실험을 통해 플랫폼의 활용 영역을 확장해가고 있다.

머지않아 대부분의 업종과 산업은 플랫폼에 의해 잠식당하고, 거의 모든 시장에서 기존 사업자와 플랫폼 사업자 간의 갈등이 빚어질 것이다. 그러나 그 변화의 속도는 업종에 따라 차이가 있다.

플랫폼 비즈니스에 보다 취약한 업종, 다시 말해 플랫폼 비즈니스에 적합한 업종은 크게 4가지로 나눌 수 있다. 정보 집약적인 업종, 고도로 분업화된 업종, 정보 비대칭성이 높은 업종, 그리고 고비용의 게이트키퍼가 존재하는 업종이다.

첫째, 데이터를 주로 다루는 정보 집약적인 업종이다. 단지 숫자에 불과한 데이터는 그 자체로는 아무런 의미가 없다. 하지만 데이터 간의 관계가 만들어지면 정보에 의미가 부여되면서 가치가 생긴다. 또 그 과정에서 생겨난 정보가 다양하게 결합하면 새로운 콘텐츠가 만들어진다. 플랫폼을 통해서 데이터와 정보가 모이고 서로 관계를 맺을 수 있는 장을 만들어주면 데이터와 정보의 가치를 기하급수적으로 높일 수 있다. 따라서 정보 집약적인 업종과 산업에서는 플랫폼에 대한 욕구가 강하게 생겨날 것이다.

예를 들어, 구글은 사용자의 검색 데이터와 사이트 방문 데이터를 수집하고 분석해서 사이트 및 검색어별로 맞춤형 광고를 제공하는 광고 중개 플랫폼, 구글 애드센스Google AdSense를 운영한다. 이를 통해 광고주는 적은 비용으로 잠재 고객에게 효과적인 광고를 할 수 있으며, 고객은 원하는 제품 및 서비스를 쉽게 찾을 수 있다. 기존에는 무의미했던 데이터가 플랫폼을 통해 새로운 가치를 창출해내는 것이다.

대부분의 은행과 카드사도 고객 데이터를 활용해 금융 플랫폼으로 거듭나고자 한다. 성장이 멈춘 시장에서 또 다른 성장 동력을 찾아내고, 빅테크 기업들의 금융 시장 공략을 방어하기 위해서다. 은행과 카드사들은 입출금 내역, 결제 내역, 재무 상태, 투자 상황 등 고객 데이터를 수집하고 분석해 금융 상품 추천, 자산 관리 조언 등 맞춤형 서비스를 제공하고 있으며, 통신, 유통, 의료 분야와 연계하여 일상에서 다양한 편의를 제공하는 생활 밀착형 플랫폼으로 진화하고자 노력하고 있다. 금융 거래를 통해서 축적된 고객 데이터는 고객의 생활 패턴을 찾아내고 고객이 필요한 서비스를 개발하는 데 유용하게 활용된다.

두 번째로 플랫폼 비즈니스에 적합한 업종은 고도로 분업화된 업종이다. 플랫폼은 다양한 실험을 통해 쪼개진 모듈 간의 조합을 찾아 새로운 프로세스와 제품을 만들어내면서 시장의 다양한 요구를 낮은 비용으로 수용하는 공간이다. 이미 조직의 프로세스나 가치사슬이 모듈 형태로 정의되어 있다면 플랫폼 기반의 접근이 용이할 것이다.

대표적인 예로 '마이크로전공'이 있다. 대학에 존재하는 기존 전공만으로는 다양한 영역에서 발생하는 인력 수요에 대응하기 쉽지 않지만, 시장이 급변하는 상황에서 수요가 발생할 때마다 새로운 전공을 만들 수도 없기에 일부 대학은 마이크로전공이라는 플랫폼 기반의 접근을 통해서 문제를 해결하고 있다. 학생들이 입학 시에 선택한 전공 이외에 전공의 경계를 넘어 스스로 이수하고자 하는 교과목들을 선택해서 교과과정을 설계한 후, 일정 학점을 이수하면 학생들이 원하는 마이크로전공명을 졸업장에 기재해준다. 예를 들어 자율주행차 전문가가 되고자 하는 기계공학과 소속 학생은 전기전자공학과나 컴퓨터과학과에서 제공하는 일부 교과목을 선택해서 이수한 후 자율주행차 마이크로전공을 추가로 취득할 수 있다.

대학들은 필요한 경우 관련 교과목만 개발하거나, 그도 여의치 않는다면 타 대학과 교과목을 공유할 수도 있다. 팬데믹 이후 대부분의 학교가 비대면 수업 체제를 갖추었기에 대학 간의 물리적 거리는 큰 문제가 되지 않는다. 추가 비용 없이 기존의 교과목만으로 위험 관리를 용이하게 하면서 학생들에게 다양한 전공 선택의 기회를 제공할 수 있다.

머지않은 미래에는 대부분의 전공이 마이크로전공과 같은 형태로 운영되면서 기존 단과대학과 학과의 경계가 허물어질 것이다. 그리고 언젠가는 대학 간의 경계도 허물어지면서 주요 대학이 운영하는 교육 플랫폼에서 학생 스스로 설계한 교과과정을 이수한 이후, 원하는 전공명으로 플랫폼이 인증하는 학위를 취득하게 될지도 모른다. 대학 교육 과정은 학과, 전공, 세부 전공 등으로 고도로 분업화되어 있고 교과목 단위로 모듈화되어 있어 플랫폼 기반의 적용이 용이하기 때문이다.

세 번째로, 정보 비대칭성이 높은 업종 또한 플랫폼 기반의 접근에 대한 욕구가 높게 나타날 수 있다. 공정한 경쟁을 통해 시장이 건강하게 성장하기 위해서는 사용자와 공급자 모두 거래하는 상품에 대해 정보를 충분히 확인해야 하는데, 플랫폼이 정보 공유의 장 역할을 할 수 있기 때문이다.

전통적인 중고차 매매 시장의 경우 거래되는 중고차의 상태, 이력, 가격 등의 정보가 충분히 공유되지 못해 구매자의 불신이 높게 나타나곤 했다. 그러나 최근에는 미국에서 카팩스Carfax와 같은 플랫폼 기반의 중고차 관련 정보 공유 사이트가 생겨나면서 소정의 수수료만 내면 구매하고자 하는 중고차에 대한 자세한 정보를 얻을 수 있는 환경이 만들어졌다. 국내 중고차 시장도 엔카, 케이카 등 플랫폼 기반의 중고차 거래 사이트가 생겨나면서 공정한 경쟁의 장으로 변화하고 있다. 의료 보험에서 담보 대출에 이르기까지 공급자와 사용자 간의 정보 비대칭성이 극단적으로 높았던 시장에서도 유사한 변화가 일어나고 있다.

마지막으로, 제품과 서비스가 생산되어 사용자에게 전달되는 과정에서 곳곳에 고비용의 게이트키퍼gatekeeper가 존재하는 업종이다. 수요 예측을 기반으로 계획을 수립하고 수립된 계획을 준수하면서, 제품과 서비스를 공급하기 위해 진행되는 일련의 과정을 통제하고 검열하는 것이 게이트키퍼의 역할이다. 출판업의 경우 편집자, 소매업의 경우 엠디와 재고 관리자 등이 게이트키퍼에 해당한다. 하지만 게이트키퍼는 시장에서 증가하는 다양성에 적절하게 응대하는 데 오히려 걸림돌이 되기도 한다. 과거 출판업계는 출판사의 편집자가 충분한 독자를 확보한 작가를 선택하고 시장의 동향을 파악한 후에, 충분한 판매 부수를 만들어낼 수 있는 내용을 선택해서 책을 출판했다. 재능은 있지만 출판 이력이 없는 작가의 글은 책으로 만들어지기 어려웠으며, 대중적이지 않은 취향을 가진 독자들의 욕구도 채워지지 못했다.

그러나 미국에서는 룰루닷컴lulu.com, 국내에서는 부크크 같은 출판 플랫폼이 등장하면서 베스트셀러 중심의 출판업계에 변화를 만들어냈다. 룰루닷컴은 자신의 책을 출판하고 싶어 하는 아마추어 작가에게 전문 편집자와 유통과 마케팅을 위한 전문 업체를 연결해주고 수수료를 받는다. 작가가 비용을 지급하고 주문한 부수만큼 출판하기 때문에 수요를 예측할 필요도 없고 재고를 관리할 필요도 없으므로 책이 팔리지 않아도 손해볼 것이 없다. 작가도 원하는 책을 출판할 수 있고 출판물의 저작권을 행사하면서 기존 출판업계에서 받던 인세보다 더 높은 수익을 만들어낼 수 있다. 룰루닷컴은 플랫폼을 기반으로 게이트키퍼를 제거하고 도서 시장의 진입 장벽을 낮춤으로써 틈새시장을 중심으로 가치를 창출했다.

그렇다면 플랫폼의 접목이 어려운 업종은 무엇일까?

플랫폼 접목이 어려운 업종은 크게 4가지다. 규제가 심한 업종, 자원 집약적인 업종, 참여자 수가 극히 적고 거래의 복잡성이 높은 업종, 이미 차별화된 경험을 제공하고 있는 업종이다.

첫째, 규제가 심한 업종이다. 의료, 금융, 교육 서비스 산업이 앞서 기술된 4가지 특성을 지녔음에도 더 빠르게 플랫폼 기반의 혁신이 이루어지지 않는 이유는 규제에 의해 기존 산업의 비즈니스모델이 보호받고 있기 때문이다. 해당 시장의 규제는 실패 비용이 높은 산업의 특성에 기인한다. 규제를 통해 공급자가 고비용의 품질 관리 기제를 운영하도록 유도함으로써 서비스 사용자들이 지불해야 할 실패 비용을 낮추어 사용자들을 보호하는 것이다. 그러나 산업이 만들어지면서 사용자의 권익을 보호하기 위해 생겨난 규제는 시장의 변화를 제대로 반영하지 못하고 오히려 사용자의 선택을 제한하는 걸림돌이 되고 있다. 규제를 걷어내고도 사용자의 권익을 충분히 보호할 수 있는 환경이 구축되면 규제 철폐에 대한 시장의 요구는 더욱 거세질 것이다. 그리고 규제가 철폐되고 플랫폼이 자유롭게 구동되는 순간, 변화는 쓰나미처럼 해당 산업을 덮칠 것이다.

자원 집약적인 업종도 플랫폼 비즈니스에 덜 취약할 수 있다. 석유화학, 철강, 조선, 반도체 등의 산업은 높은 수준의 초기 투자가 필요하며 고정자산의 비중이 높아 시장의 진입 장벽이 높다. 진입 장벽이 높아 가치사슬상에서 사용자가 선택할 수 있는 공급자의 폭이 넓지 않기 때문에 자원 집약적인 산업의 경쟁력은 여전히 공급망을 안정적으로 관리하면서 프로세스의 효율성을 높이는 데 있다. 하지만 최근 플랫폼을 기반으로 공급망을 운영하면서 시장의 흐름에 빠르게 대응하고자 하는 변화가 나타나고 있다. 유럽의 조선업체들은 부가 가치가 높은 맞춤식 선박을 건조하기 위해, 그들의 핵심 설계 역량을 기반으로 플랫폼을 운영하면서 협력업체들의 참여를 통해 선박 건조에 필요한 대부분의 프로세스를 운영하고 있다.

참여자 수가 극히 적고 거래의 복잡성이 높은 업종에서도 플랫폼의 위력이 제한적일 수밖에 없다. 차세대 무기를 도입하는 과정에서 발생하는 거래가 플랫폼상에서 이루어질 것이라고 상상하기는 쉽지 않다.

마지막으로, 브랜드를 기반으로 차별화된 경험을 제공하는 시장에서도 플랫폼 사업자들의 성장은 제한적일 것이다. 예를 들어, 2008년에 창업한 에어비앤비의 지속적인 성장에도 호텔업은 여전히 건재하다. 숙박업 컨설팅업체 에스티알STR에 의하면 2016년 미국 호텔은 기록적인 투숙률을 보였고 이 흐름은 팬데믹 전까지 이어졌다. 에어비앤비는 지속적인 성장을 거듭하면서 2018년 이미 미국 숙박 시장 총 매출의 20퍼센트를 점유했지만, 기존 시장을 잠식하기보다 더 많은 수요를 창출함으로써 시장 확대에 기여한 것이다.

물론 에어비앤비의 출현으로 호텔의 수익은 전반적으로 감소했으나 그 충격은 대부분 부대 서비스를 제공하지 않는 저가 호텔에서 나타났다. 단지 값싼 숙소를 원하는 사용자에게는 에어비앤비가 매력적일 수 있지만, 출장 중에 발생하는 업무를 처리하기 위한 다양한 부대 시설과 서비스를 원하는 투숙객이나 룸서비스와 운동을 즐기며 여유로운 휴가를 보내고자 하는 투숙객에게는 에어비앤비가 그다지 매력적이지 않기 때문이다.

플랫폼 접근 방식에 의해 머지않아 대부분 산업과 업종에서 기존 사업은 와해되고 새로운 사업이 출현할 것이며, 호텔업계의 사례와 같이 플랫폼 사업자의 등장이 혁신의 촉매제 역할을 함으로써 시장의 성장을 경험하는 산업과 업종도 생겨날 것이다.

플랫폼이 드러낸 새로운 문제들

머지않은 미래에 대부분의 기업은 자신의 핵심 역량을 기반으로 플랫폼을 운영할지, 아니면 자신의 핵심 역량을 모듈로 쪼개어 누군가의 플랫폼에 올려놓고 선택받으면서 생존할지 선택해야 할 것이다. 하지만 2020년 초 코로나19가 세계적으로 확산하면서, 현재 시장이 직면한 문제의 해결책으로 인식되었던 플랫폼에 대한 회의론이 일기 시작한다.

2020년, 세계 최대 의류 생산 업체 중 하나인 리앤펑Li&Fung이 상장 폐지 위기에 처한다. 공장을 하나도 운영하지 않으면서 세계 40여 개국의 1만 3,000여 개 협력업체가 참여하는 플랫폼을 기반으로 글로벌 공급망을 관리하며 한 해 20억 벌의 의류를 생산하던 리앤펑이었지만, 협력업체의 공장에 감염자가 발생하면서 공장이 멈추거나 국가 간의 물리적 이동이 제한되면서 공급망 관리에 문제가 생긴 것이다.

생산에 필요한 모든 기능과 프로세스를 플랫폼 기반의 글로벌 공급망을 통해서 획득하면 시장의 불확실성에 더욱 취약해질 수밖에 없다.

시장의 불확실성을 용이하게 관리하기 위한 대안으로 주목받았던 플랫폼 접근 방식이 오히려 또 다른 불확실성의 요인으로 작용한 것이다. 하지만 기업이 생산 활동에 필요한 모든 기능과 프로세스를 확보하고 필요한 원자재와 부품을 직접 생산하면서 낮은 가격에 맞춤식 제품과 서비스를 시장에 공급하는 것은 불가능하다. 결국 생산 인구의 대면 활동을 최소화하고 더 나아가 인간의 개입을 최소화하는 생산과 물류 기제를 구축하고 운영하는 것이 해답이 될 것이다.

몇몇 기업들은 정보통신기술을 접목하여 플랫폼의 불확실성을 낮추는 길을 빠르게 선택하고 있다. 메르세데스-벤츠를 생산하는 다임러Daimler가 공급망의 불확실성을 극복하기 위해 생산의 모든 단계와 요소를 완전히 디지털화한 팩토리56Factory 56이 그 예다. 2020년 독일 진델핑겐에 문을 연 팩토리56은 의장, 조립 등 생산 공정의 80퍼센트를 사물인터넷IoT으로 연결한 로봇이 담당하며, 작업 중에 로봇이 취합한 데이터는 5G 이동통신 네트워크를 기반으로 클라우드에 전송되어 종합적으로 관리한다. 팩토리56의 임직원 누구나 인테그라Integra라는 프로그램을 사용해 이

데이터를 목적에 따라 분석하고 생산 공정을 모니터링하면서 개선안을 도출한다. 이를 통해 생산 공정의 효율성은 25퍼센트 개선되었으며, 생산 라인 한 곳에서 여러 종의 차량을 조립할 수 있는 유연성도 확보했다.

기업들은 인력 수급의 불확실성을 낮추면서 공급망의 지속성을 높이기 위해 디지털 기반의 플랫폼을 통해 지속적으로 생산과 유통 프로세스 대부분을 기계로 대체해갈 것이다. 그런데 이렇게 인간의 개입이 최소화된 공급망을 구축하는 과정에서 노동자의 일자리가 줄어들 수 있다는 불안감이 노동시장에 팽배하다.

2021년 전국경제인연합회가 미래산업 일자리 변화에 대한 2030세대의 인식을 조사한 결과, 응답자의 83.0퍼센트가 미래 사회에서 일자리가 줄어들 것이라고 예상했다. 일자리 감소의 원인으로는 36.0퍼센트가 공장 자동화를 지적했다. 일자리가 가장 많이 줄어들 것으로 예상되는 직무를 묻는 질문에는 생산직이라는 응답이 65.8퍼센트로 가장 많았고, 그다음으로는 사무직(14.6퍼센트), 기술직(11.4퍼센트), 영업직(2.9퍼센트) 순이었다. 디지털에 기반을 둔 플랫폼의 성장을 바라보는 사회 구성원들의 불안한 시각을 엿볼 수 있는 설문 조사 결과다.

디지털 기술을 활용하여 인간의 개입을 최소화하는 공급망을 구축함으로써 불확실성을 극복하고자 하는 노력은 노동시장에 또 다른 불확실성을 낳고 있다.

미래산업 사회 진입에 따른 일자리 변화 예측

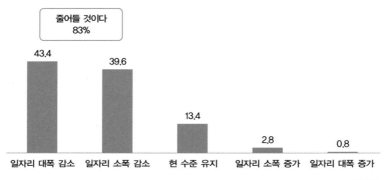

줄어들 것이다
83%

43.4	39.6	13.4	2.8	0.8
일자리 대폭 감소	일자리 소폭 감소	현 수준 유지	일자리 소폭 증가	일자리 대폭 증가

단위 : %

미래산업 사회 축소 예상 직무

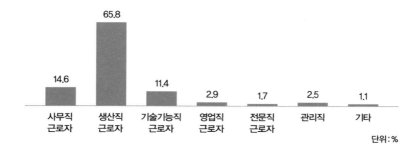

14.6	65.8	11.4	2.9	1.7	2.5	1.1
사무직 근로자	생산직 근로자	기술기능직 근로자	영업직 근로자	전문직 근로자	관리직	기타

단위 : %

노동시장이 일터가 아닌 일감 중심으로 구조가 바뀌어가는 과정에서 사용자(고용인)에게는 안정적인 노동력 수급이, 공급자(피고용인)에게는 플랫폼 노동자의 권익 보호가 화두가 될 것이다.

한국고용정보원에 따르면 2021년 플랫폼을 매개로 배달 및 운전 서비스 등을 제공하는 플랫폼 노동자 수는 66만 명으로 추정된다. 전체 취업자의 2.6퍼센트에 달하며 2020년과 비교하면 3배나 증가한 수치다. 그런데 이들은 고용보험 의무 가입 대상이 아니어서 이들의 권익 보호는 사각지대에 놓여 있다.

플랫폼을 매개로 배달 및 운전 서비스 등을 제공하는 노동자가 급증한 2019년 이륜차 사고 건수 및 부상자 수는 2015년에 비해 각각 45.9퍼센트, 55.4퍼센트 증가했고, 2016년부터 2019년까지 18~24세 산재 사고 사망자의 45.8퍼센트가 플랫폼 노동자였다. 플랫폼에서 제공하는 서비스의 품질을 관리하기 위해 플랫폼 사업자들이 노동자에 대한 관리와 통제의 수위를 지나치게 높이면서 근로 환경이 악화하고 안전사고가 야기되는 것이다. 그러나 플랫폼에 진입하는 노동자의 수가 증가하면서 그 교섭력이 떨어져 근로 조건 협상에서 사업자와 대등한 위치를 점하기 쉽지 않은 상황이다(플랫폼 노동자의 권익에 관해서는 3장에서 더 자세히 다룰 것이다).

소비자의 만족인가, 공급자의 안전인가?

대표적인 배달 플랫폼인 배달의민족의 경우 평균 1시간 내외로 주문 접수, 처리 및 배송이 모두 완료되어야 하며, 배달원의 위치와 배달의 상태가 실시간으로 업데이트된다. 배차에는 일반 모드와 인공지능 추천 모드가 있는데, 많은 배달원이 효율적인 배달 경로를 스스로 설정할 수 있는 일반 배차를 선호하는 반면 배달의민족을 비롯한 배달 플랫폼은 빠른 개별 배달이 가능한 인공지능 추천 배차를 권장한다. 그런데 인공지능 추천 배차를 여러 번 거절할 경우 배달원의 계정이 일주일간 정지되거나 영구 정지를 당할 수 있어 논란이 일고 있다. 또한 배차를 위한 알고리즘이 실시간 도로 교통 상황과 배달원의 안전을 고려해서 배달 시간을 측정하지 못하기에 오히려 배달원의 사고 발생 가능성이 높아진다는 지적도 있다.

단순한 노동력을 요구하는 시장뿐만 아니라 전문성을 요구하는 시장에서도, 한 직장에 얽매이기보다는 원할 때 필요한 만큼 일하기를 원하는 자발적 비정규직 노동자들이 늘어나면서 재능 공유 플랫폼에 진입하는 노동자의 수가 증가하고 있다. 크몽은 마케팅, 디자인, 프로그래밍, 문서 작성, 번역 등 다양한 영역에서 개인의 전문성을 상품화해 거래할 수 있는 재능 공유 플랫폼이다. 2021년 말 기준으로 14만여 명의 전문가가 크몽에서 활동하고 있으며, 누적 거래는 287만 건에 달한다. 하지만 플랫폼에 진입하는 노동자의 수가 증가하면서, 플랫폼 노동자의 교섭력이 떨어져 노동의 가치를 제대로 보상받지 못하는 경우가 늘어나고 있다.

크몽을 비롯한 대부분의 재능 공유 플랫폼은 거래가 성사될 때 공급자로부터 받는 수수료 중심의 수익 구조를 가지고 있다. 재능 공유 플랫폼은 거래량을 늘리기 위해 단순한 가격 비교를 통해 사용자의 구매를 유도함으로써 공급자들은 가격 경쟁 속에서 전문성을 제대로 인정받지 못한 채로 턱없이 낮은 가격에 노동력을 제공하는 상황이 발생하고 있다. 플랫폼이 전문성을 평가하고 공급자는 평가된 전문성의 수준에 따라 노동의 가격을 제시할 수 있는 기제가 마련되어야 한다.

플랫폼이 영역을 확장해가는 과정에서, 참여자들 간의 생산적인 상호작용을 위해 축적된 방대한 정보가 잘못된 목적으로 활용되는 사례가 발생하면서 참여자의 정보 보호 문제도 야기된다.

대표적으로 2018년 페이스북-케임브리지애널리티카Cambridge Analytica 정보 유출 사건이 있다. 영국의 데이터 분석 회사 케임브리지애널리티카가 2014년부터 페이스북 가입자 8,000만 명 이상의 정보를 가입자 동의 없이 수집하여 2016년 미국 대선과 영국 브렉시트(영국의 유럽연합EU 탈퇴) 국민투표에서 특정 정치인이나 정치 집단과 계약을 맺고 그들에게 유리한 결과가 만들어지도록 활용한 사실이 밝혀진 것이다. 또 영향력 있는 정치인이나 인물들이 트위터, 페이스북, 유튜브 등의 플랫폼을 통해서 사실이 확인되지 않은 내용을 대중에게 전달하여 왜곡된 여론 형성에 영향을 미치기도 한다.

산업사회가 고도화되면서 시장에서 발생하는 다양한 문제를 해결하고 또 다른 성장을 만들어갈 수 있는 대안으로 주목받고 있는 플랫폼. 하지만 플랫폼이 성장하는 과정에서 구성원들이 다양한 문제를 경험하면서 플랫폼에 대한 회의론이 일기도 한다. 이 회의론은 구성원들이 경험하는 문제를 산업사회의 틀을 통해서 정의하고 해결하고자 하는 데서 기인한다. 따라서 문제를 해결하고 갈등을 해소하기 위해서는 사회의 전 영역에서 새로운 제도의 틀을 마련하는 노력이 필요하다.

- 플랫폼은 '참여자들이 자율적인 상호작용을 통해서 가치를 교환하는 상생의 공간'이며, 참여자들의 다양한 욕구를 충족시킬 수 있는 대안을 찾는 과정에서 그 영역을 끊임없이 확장한다.

- 플랫폼은 운영자와 참여자의 역할 범위에 따라 단면 플랫폼, 양면 플랫폼, 다면 플랫폼(복수의 양면 플랫폼)으로 분류할 수 있다.

- 플랫폼 사업자(재중개인)는 자산 소유 주체와 이익 창출 주체를 분리하여 유휴 자원의 활용성을 높이고, 파편화된 상품을 조합하여 사용자의 다양한 욕구를 충족시키면서 시장의 성장을 견인하고 있다.

- 정보 집약적인 업종(금융업), 고도로 분업화된 업종(고등교육 서비스업), 정보 비대칭성이 높은 업종(중고차 매매업), 고비용의 게이트키퍼가 있는 업종(출판업)은 플랫폼 비즈니스에 적합하다. 반면 규제가 심한 업종(의료 서비스업), 자원 집약적인 업종(철강업), 참여자 수가 극히 적고 거래의 복잡성이 높은 업종(무기 거래업)은 플랫폼 비즈니스의 접목이 쉽지 않다.

- 글로벌 공급망의 불확실성 관리, 플랫폼 노동자의 권익 보호, 참여자의 정보 보호 등의 문제가 등장하고 있으며, 이를 해결하기 위해서는 사회적 합의를 통해 새로운 제도를 마련하는 노력이 필요하다.

2

왜 플랫폼인가

- 왜 시장은 플랫폼에 주목하는가?
- 산업사회의 분업화와 플랫폼의 모듈화는 어떻게 다를까?
- 플랫폼을 통해 완전체로 진화하는 시장의 모습은?
- 미국 유통업계 공룡, 시어스는 왜 실패했을까?

"사회를 지탱하는 원리가 사라지고 담론 체계가 허물어지는 불확실성의 시대."

1970년대 중반, 석유 파동으로 세계 경제가 침체기에 접어드는 상황에서 베트남전쟁의 후유증으로 미국의 국제 수지가 악화되고 달러 가치가 급락하면서 미국 달러화를 기축통화로 하는 금환본위제도가 붕괴되고 국제 금융 시장이 혼란에 빠진다. 영국의 석학 존 케네스 갤브레이스는 이러한 상황을 '불확실성의 시대'라고 정의했다. 1970년대와 비교하면 일과 삶의 새로운 방식을 모색해야 하는 지금은 한 치 앞도 보이지 않는 '초불확실성의 시대'로 기억될 것이다.

산업화 이후 일관된 방향성을 가지고 진화해오던 산업사회는 예측 불가능한 사건들을 경험하면서 위기에 직면했다. 인종, 종교, 이념 간의 갈등에 기인한 극단주의 테러리즘, 유럽발 재정 위기, 미국발 금융 위기, 미중 무역전쟁, 바이러스에 의한 전염병 창궐, 반도체 등의 소재와 부품 공급 부족 현상으로 인한 글로벌 공급망 와해, 러시아의 우크라이나 침공으로 인한 유가 폭등 등으로 세계 경제는 한 치 앞을 예측하기 힘든 상황에 놓여 있다. 인터넷이 등장하고 전 세계가 하나의 거대한 네트워크로 묶이면서 지구 반대편의 작은 국가에서 발생하는 사건조차 세계 각국에 영향을 미치기 때문이다.

또 인터넷을 통해 사회 구성원의 다양한 의견이 표출되고 형성되면서 세대, 성별, 지역, 이념, 소득계층 간의 갈등이 조정 불가능한 수준으로 치닫고 있다. 사회 구성원들을 하나로 묶었던 산업사회의 가치관이 전례 없이 흔들리고 있으며, 결혼, 출산, 육아, 가족, 직업에 대한 구성원들의 인식과 생활 양식도 빠르게 변해간다. 산업혁명 이후 사회를 지탱했던 원리가 더는 작동하지 않으면서 인류는 혼란에 빠져드는 중이다. 산업사회의 표준화된 틀은 다양한 영역에서 발생하는 무의미한 사건을 차단하고 부정적 파급효과를 최소화하지 못한다.

각국은 시장의 불확실성을 낮추기 위해 다양한 재정 및 통화 정책을 쏟아내고 있지만 시장에서의 효과는 기대에 미치지 못하고 있다. 경제 상황뿐만 아니라 정치 상황도 혼란스럽기는 마찬가지다. 보수와 진보로 구분되는 기존의 갈등 구조조차 바뀌고 있다. 진보 정권이 이민, 무역, 관세 정책에 대해서 국수주의적인 견해를 보인다거나, 신기술을 기반으로 새로운 시장을 육성하기 위한 산업 정책에 대해서 보수적인 견해를 보이는 현상이 드물지 않게 나타난다. 구성원이 다양한 욕구를 표출하고 사안별로 이해관계를 달리하면서 더 이상 사회를 지배하는 여론도, 시장을 견인하는 대중 소비도 존재하지 않는다.

하지만 초불확실성으로 인해 위기에 직면한 시장에서 혹자들은 기회를 언급한다. 대부분 기업은 지금껏 과거의 자료를 분석해서 미래를 예측하고 예측 결과를 기반으로 경영 계획을 세운 후에 이를 실천하면서 기업을 경영했지만, 시장의 불확실성이 높아지면서 예측이 불가능한 상황에 이르렀다. 예측과 계획이 아닌 끊임없는 실험에 기반을 둔 기업 경영이 요구되는 지금 기업의 화두는 최대한 비용을 줄이면서 실험을 통해 빠르게 원하는 것을 찾아 나가는 것이다.

이때 플랫폼은 사용자와 공급자가 상호작용을 통해 다양한 실험을 하면서 각자의 다양한 욕구를 충족시킬 수 있는 대안으로서 주목받을 것이다.

2장에서는 증가하는 불확실성으로 위기에 처한 시장이 문제를 해결하고 완전체로 진화하기 위한 대안으로 플랫폼을 주목하는 이유가 무엇인지 시장의 역사와 기술의 진보 과정에서 찾아보고자 한다.

시장이 플랫폼을 주목하는 이유

18세기 산업혁명이 일어난 이후, 산업사회의 화두는 줄곧 효율적인 공급망을 구축하기 위해 시장을 통합하는 것이었다. 산업사회는 시장을 용이하게 통합하기 위해 가능한 한 모든 영역을 표준화해나갔다. 도량형의 표준화를 시작으로 생산 방식까지도 표준화하여 효율적인 생산 및 유통체계를 만들고자 한 결과 과학적 관리법이 등장했다.

표준화에 기반을 둔 과학적 관리법은 효율적인 대량 생산 체제의 토대를 마련했다. 같은 시기 정부가 발행한 화폐로 통화가 단일화되고 상법을 기반으로 정가 개념이 정착하면서, 대량 생산 체제를 통해 생산된 재화를 수월하게 공급할 수 있는 길이 열렸다. 이전까지는 재화의 가치에 대한 표준화된 기준이 마련되어 있지 않아서 거래하는 데 어려움이 많았다. 과학적 관리법의 제창자가 활동한 미국에서조차 19세기까지 개인이 발행한 화폐가 지역별로 통용되었으며, 제품 가격은 거래가 이루어질 때마다 흥정으로 결정했다. 문제가 해결된 후, 대량 생산 체제에 기반을 둔 대중 소비는 시장의 폭발적 성장을 견인했다.

인간이 기계의
부품이 되다

20세기 초, 기계 수리공 출신의 개혁 운동가 프레더릭 윈슬로 테일러 Fredrick Winslow Taylor는 노동자가 작업을 수행하는 최선의 방법과 도구는 하나밖에 존재하지 않는다는 믿음과 함께 노동자의 작업을 표준화하면 생산성을 획기적으로 향상시킬 수 있다는 결론에 도달한다. 테일러는 전체 생산 과정을 최소한의 작업 단위로 쪼개고 단위별 동작, 순서, 소요 시간 등을 표준화하여 생산 활동을 과학적으로 관리하고자 노력했다.

테일러의 과학적 관리법은 고대 그리스의 사상가 데모크리토스의 원자론에 그 뿌리를 두고 있다. 원자론은 우주는 완전무결한 단일체가 아니라 작은 단위로 쪼개질 수 있으며 결국은 원자라고 불리는 더 이상 쪼갤 수 없는 입자들로 구성되어 있다는 시각이다. 하지만 산업사회 이전까지는 우주에 존재하는 모든 것이 나뉠 수 없는 유기체의 일부라는 인식이 주류였고, 원자론은 소수 의견으로서 2,000년 동안 잊혔다가 17세기에 이르러 데카르트를 비롯한 근대 학자들에게 다시 주목받으며 산업사회의 지배적인 사상으로 발전한다.

데카르트는 우주를 신이 창조한 거대한 기계로 정의하고 복잡하고 추상적인 개념을 구성 요소 간의 선형적인 인과관계와 역학적 법칙을 통해서 설명하고자 했다. 데카르트의 요소환원주의(전체는 각 부분으로 나뉘며 각 부분을 합하면 전체가 된다는 사유방식)는 근대 학자들에 의해 기계론으로 발전했고, 기계론에 기반을 둔 과학적 관리법은 생산 방식, 작업 공정, 생산 설비, 제품 등을 기계 부품처럼 분해하고, 분해된 각 영역을 최적화하기 위한 표준을 만들어 생산 활동을 체계적으로 관리하는 것을 목표로 삼았다.

하지만 1990년대에 접어들면서 시장에 변곡점이 만들어진다. 지속적인 생산성 향상으로 일부 선진 시장에서 과잉 공급 현상이 나타나면서 시장의 중심축이 생산자에서 소비자로 움직이기 시작했다. 기업은 대량 생산 체제의 효율성을 높여 공급을 확대하는 것만으로는 경쟁 우위를 확보하기 어려워졌다. 웬만한 물건을 만들어 웬만한 가격에 내놓아도 팔리지 않는 시장이 되어버린 것이다. 인터넷이 상용화되면서 소비자들은 욕구를 표현할 수 있는 경로를 확보했고, 획일화된 소비를 지양하는 소비자들의 다양한 욕구가 시장에 나타났다. 소비자와 생산자 간의 정보 비대칭성이 완화되고 소비자의 교섭력이 커지면서 기업은 그들의 다양한 욕구를 충족시키기 위한 대안을 찾아야 했다.

심화하는 경쟁 속에서 기업은 세분화된 고객군별로 수요를 충족시키는 제품을 개발했고, 그 과정에서 제품군이 증가했다. 또한 급속한 환경의 변화로 단축되는 제품수명주기(제품의 생산과 판매를 위한 충분한 수요가 시장에서 발생하는 기간)를 연장하기 위해 다양한 기능을 추가하면서 제품의 복잡성도 지속해서 증가했다. 결과 제품을 생산하기 위한 프로세스의 복잡성은 물론, 공급 원가도 기하급수적으로 증가했다. 고객의 다양한 요구에 대응하는 과정에서 프로세스의 복잡성이 자연스럽게 증가하기도 했지만, 소품종 대량 생산 체제에 적합하게 설계되고 운영되어온 프로세스로 다품종을 생산하면서 생산성이 저하된 측면도 없지 않다.

과거 규모의 경제를 통해 원가를 절감했던 대부분의 기업은 다양한 제품을 생산하면서도 표준화된 단일 프로세스를 고집하며 제품의 종류가 늘어날 때마다 예외적인 프로세스를 만들어 적용했다. 하지만 제품의 종류가 다양해지고 예외가 증가하면서 전체 프로세스는 더 복잡해져 대량 생산의 이점은 훼손되고 비용은 지속해서 증가했다.

기업들은 시장의 다양한 수요에 대응하는 과정에서 증가하는 예외 프로세스로 인한 비효율성을 줄이고 비용을 낮추고자 린Lean과 같은 혁신 기법을 적용하기도 하고 정보통신기술을 활용하여 프로세스를 자동화하기도 한다. 하지만 프로세스의 표준을 지나칠 만큼 협소하게 정의한 후에 복잡성에 대응하기 위한 프로세스 대부분을 예외적으로 처리하면서, 구조적으로 발생하는 비용을 줄이기는 쉽지 않다.

선택과 집중을 통해 제품의 포트폴리오를 단순화하고 표준화된 단일 프로세스에 예외를 덧붙이기보다 다양한 제품과 서비스를 생산하는 프로세스 간의 유사성을 고려하여 프로세스 표준을 유형별로 분류하고 운영하면 생산성을 높일 수 있다. 하지만 이러한 접근도 비용의 증가를 억제하면서 증가하는 고객의 다양한 요구를 충족하기에는 역부족일 것이다.

다양한 선택의 기회를 얻고자 하는 사용자, 그리고 맞춤 제품과 서비스를 생산해야 하는 공급자, 모두에게 새로운 접근법이 필요하다. 단지 대량 생산 체제를 효율적으로 운영하기 위한 선형적인 혁신이 아닌, 게임의 틀을 바꾸는 비선형적인 혁신의 노력이 필요하다. 시장은 해답을 플랫폼이라는 공간에서 찾고자 한다.

> 기업의 자원, 기능과 프로세스, 상품 등을 기계 부품처럼 모듈 단위로 분해하되, 단일화된 표준에 따라 조합하고 관리하기보다는 플랫폼을 통해 상황에 맞게 최적화된 모습으로 조합하고 관리하면 비용 부담을 줄이면서 다품종 소량 생산 체제로 전환할 수 있다.

시간과 공간을 넘어서는 플랫폼

산업사회는 기계론에 기반을 두고 산업화에 최적화된 시장을 구현하기 위해 시장을 기계 부품처럼 분해하고, 분해된 각 영역을 최적화할 수 있는 표준을 찾기 위해 노력했다. 종교와 정치가 분리되었고 포괄적인 지식은 전문 분야로 나누어졌으며 시장은 다양한 산업과 업종으로 쪼개졌다. 심지어 대가족은 핵가족으로, 노동은 세밀한 작업 과정으로 분해되었다.

애덤 스미스가 《국부론》에서 핀의 제조 과정을 통해 설명한 분업이라는 개념은 생산성 향상을 위한 최대 화두가 되었다. 그는 핀을 생산하는 전 공정을 혼자 해내는 노동자는 하루에 20개 남짓한 핀을 생산하지만, 공정을 18개로 분리해 10명의 노동자가 생산할 경우 하루에 4만 8,000개, 노동자 1인당 4,800개의 핀을 생산할 수 있다고 주장했다. 이런 분업에 기반을 둔 전문화가 표준화와 함께 산업사회의 동력으로 자리잡게 된다.

또 최소한의 단위로 쪼개진 작업은 생산 공정의 틀 속에서 상호의존성을 가지고 시간의 흐름에 따라 연계되었다. 그러면서 '시간의 표준화'가 매우 중요해졌다. 돈과 노동의 가치는 시간을 기준으로 결정되었고, 기업, 소비자, 노동자 등 시장 참여자들 모두가 시간에 얽매이기 시작했다. 노동자들은 시간당 임금으로 보수를 지급받았으며 노동생산성을 시간당 생산량으로 측정했다.

시간이
돈이 되다

산업사회 이전 농경사회에서는 파종과 수확 시기를 가늠하기 위해 1년 단위로 시간을 측정하기는 했지만, 노동자들의 작업 간 상호 의존성이 낮았기 때문에 시간의 동기화가 그리 중요하지 않았다. 각자 필요한 작업을 필요한 시기에 하면 그만이었다. 유럽 대륙에서는 14세기까지 신이 주관하는 시간을 사고파는 행위를 고리대금업만큼이나 나쁜 행위로 인식하기도 했다. 일부 성직자들은 인간은 시간을 측정하는 방법조차 알지 못해야 한다고 믿었다. 고대 중국에서도 중세 유럽에서도 농경사회 노동자들은 시간당 임금 대신 생산량의 일부를 보수로 지급받았다. 기후, 인간과 동물 노동력의 한계, 극히 원시적인 생산 방식 등으로 인해 노동 시간을 늘리기 힘들었고, 늘린다 해도 생산성이 그에 비례해서 향상되지 못했다.

하지만 18세기에 산업혁명이 시작되면서 상황이 달라졌다. 화석 연료가 사용되면서 노동력의 한계가 극복되고 동시에 생산성을 향상시킬 수 있는 다양한 생산 기술과 기법이 소개되었다. 이 시기의 최대 화두는 최대한 빨리, 그리고 오래 작업하면서 생산량을 늘리는 것이었다. 상호 의존성이 높은 작업을 수행하는 산업사회의 노동자들은 시간을 동기화해야 했다. '주기도문을 외는 동안' '식사를 준비하는 동안' '소변을 보는 동안'과 같은 주관적인 표현을 통해 정의되었던 시간의 개념은 분과 초 단위로 정의되고 표준화되었다.

시계가 보급되면서 시간은 더 정확히 측정되고 관리되었으며 '시간은 곧 돈'이라는 등식이 자리 잡았다. 이에 고리대금에 반대하는 전통적인 법 제도가 폐지되었고 시간의 흐름에 근거를 둔 이자 지급이 합법화되었으며 시간당 임금 지불 체계도 자리를 잡기 시작했다.

그리고 표준화된 시간의 흐름은 산업사회를 지배한 '파이프라인' 기제를 출현시켰다. 이는 하나의 공정에서 만들어진 결과물이 다음 공정에서 필요한 재료가 되는 구조다. 산업사회의 화두는 파이프라인을 효율적으로 관리하여 적은 비용으로 더 많은 제품을 생산해내는 것이었다. 파이프라인 기제를 효율적으로 관리하기 위한 시간의 표준화와 동기화는 공간의 표준화와 동기화로 확대됐다. 효율적으로 공급망을 관리하기 위해 산재한 전문화된 공간들을 유기적으로 연계해야 했기 때문이다. 이런 연계를 위해서 '말을 타고 하루를 달리는 거리' '반나절을 걸어가는 거리' 등의 표현 대신 표준화된 단위를 이용했고, 이동 경로를 직선화하고자 노력했다. 표준화되고 동기화된 시간과 공간의 틀 속에서 만들어진 파이프라인 기제는 시장의 공급을 늘리는 데 최적화된 환경을 구축하면서 대중 소비를 견인했다.

예를 들어 헨리 포드가 1908년에 시장에 내놓은 모델T는 숙련

공에 의해 주문 맞춤형으로 소량 생산되던 자동차를 표준화된 공정을 통해 낮은 원가에 대량으로 생산해낸 것으로, 누구에게나 자동차를 소유할 기회를 제공함으로써 자동차 시장을 대중화했다. 포드는 폭발적으로 늘어나는 수요를 기반으로 규모의 경제를 실현함으로써 원가를 지속적으로 낮추고 자동차의 가격을 떨어뜨린 끝에 모델T가 출시되고 6년이 지난 1914년에는 미국 자동차 시장의 50퍼센트를 점유한다. 그가 실현한 파이프라인 기반의 저원가 대량 생산 체제는 이후 100년 가까이 자동차 산업뿐만 아니라 제조업과 서비스업 전반에 걸친 생산 활동의 토대가 되었다.

하지만 파이프라인 기제의 구동을 가능하게 했던 시간과 공간의 동기화 개념은 정보통신기술의 발달과 함께 퇴색되어가고 있다. 쿠팡, 이베이와 같은 디지털 기반의 플랫폼에서는 모바일로 24시간 상품 구매가 가능하고, 다임러가 운영하는 자동화된 스마트공장에서는 최소한의 관리 인력으로 24시간 자동차를 생산할 수 있으며, 무인화된 아마존의 물류 센터에서는 배송을 위한 상품의 분류와 적재가 24시간 가능하다. 인터넷을 통해서 사람, 사물, 공간 등 만물이 연결되는 초연결사회로 진입하면서 다른 시간과 공간에 존재하면서도 소통과 협업이 가능해졌기 때문이다.

글로벌 시장조사 업체 가트너와 마켓츠앤마켓츠에 따르면 2021년 전 세계 직장인의 79퍼센트가 협업 플랫폼을 활용해 물리적 제약을 극복하면서 업무를 수행하고 있으며, 협업 플랫폼 시장 규모는 약 57조 원(474억 달러)에 달했다. 코로나19의 확산으로 물리적인 이동과 접촉이 제한되면서 구글 워크스페이스, 네이버 웍스와 같은 협업 도구에 대한 수요는 더욱 증가했다. 시장은 빅데이터와 인공지능, 사물인터넷 등으로 구동되는 디지털 기반의 플랫폼에서 시간과 공간의 제약을 극복하며 생산성을 향상시키는 비선형적 변화를 만들어가고 있다. 그리고 코로나19를 계기로 이 변화는 더욱 빠르게 일어나는 중이다.

소품종 대량 생산 체제를 효율적으로 운영하기 위해 존재했던 분업화와 전문화 그리고 분업화된 전문성을 기반으로 구분되었던 영역 간의 경계는 사용자의 다양한 욕구를 충족시키는 데 걸림돌이 되고 있다. 이제 사용자들은 공급자들이 만들어놓은 틀 속에서 대안을 선택하기보다는, 기존의 틀을 허물고 대안을 제시하는 공급자를 선택할 것이다. 하지만 고객별로 욕구를 파악하고 맞춤식 대안을 제공하는 과정은 상당한 비용을 발생시킨다. 결국 공급자는 플랫폼이라는 공간에 모듈화된 대안을 올려놓고 사용자들이 필요한 모듈을 선택하고 조합해서 스스로 원하는 대안을 찾아낼 수 있는 환경을 제공하고자 할 것이며, 공급자의 경쟁력은 사용자가 원하는 조합을 쉽고 빠르게 찾아낼 수 있도록 지원하는 추천 기제에 의해 좌우될 것이다. 여기에 빅데이터와 인공지능의 역할이 있다.

거래 비용을 낮추는 플랫폼

기업은 거래 비용에 따라 어떠한 역량과 활동을 내부에 확보하고, 또 외부에서 공급받을 것인지 결정하는 과정에서 그 활동 범위가 정의된다. 제품과 서비스를 생산하고 시장에 공급하는 데 필요한 자원을 내부에서 조달하는 비용이 외부에서 조달하는 비용보다 낮은 경우 기업은 지속적으로 기업의 경계를 확대해나간다. 그러나 디지털 기반의 플랫폼이 등장하면서 외부에서 정보를 탐색하고 업무를 조정하며 계약을 체결하고 집행하는 데 필요한 비용이 현저히 낮아졌고, 플랫폼을 통해 거대한 공급망을 운영하고 관리하는 것이 가능해지면서 시장의 흐름이 급격하게 바뀌어가고 있다.

2018년 미국 최대 유통업체, 시어스가 파산 보호를 신청했다. 전성기에는 미국 전역에 3,500개의 점포를 운영하던 기업에 무슨 일이 생긴 것일까? 산업사회에 진입하면서 시계에 대한 수요가 급증하던 19세기 후반 시계를 판매하는 세계 최초 통신 판매 회사로 출발한 시어스는 효율적인 재고 관리와 배송 시스템을 기반으로 판매 제품의 영역을 확대하면서 지속적인 성장을 거듭했다. 한때 시어스의 카탈로그는 성경 다음으로 미국인들이 많이 보는 책이었고, 시어스는 오늘날의 아마존과 같은 혁신의 아이콘이었다. 1920년대 들어 자동차 보급이 확대되고 소비자들의 물리적 이동이 자유로워지면서 통신 판매 수요가 줄어들자 시어스는 빠르게 성장하는 도시 곳곳에 소매 점포를 내기 시작했고, 1990년대까지 미국 유통업계 1위 자리를 유지했다.

문제는 1990년대였다. 인터넷이 상용화되고 디지털 플랫폼이 등장하면서 기업의 외부 탐색 비용과 거래 비용이 현격히 줄어들었음에도 시어스는 매장 확보 및 운영, 제품 조달, 창고 및 물류 관리 등에 막대한 투자를 공격적으로 이어가면서 기업의 경계를 지속적으로 확장했다. 심지어 금융, 보험 시장으로까지 기업의 경계를 넓혔다. 반면 이 시기 아마존, 이베이와 같은 온라인 유통업체는 인터넷으로 구동되는 플랫폼을 통해서 외부 거래 비용을 낮추면서 필요한 자원들을 외부에서 빠른 속도로 확보해나갔고, 고객들과 소통하며 그들의 욕구를 읽어가면서 끊임없이 새로운 가치를 창출했다.

시어스는 경쟁 우위란 경쟁을 피하려고 자원을 확보하고 진입 장벽을 높이는 데 있는 것이 아니라, 기업과 고객의 관계로부터 가치를 창출하는 데 있음을 간과했다. 전자상거래 업체에 의해 유통업계의 지각 변동이 시작될 무렵에도 시어스 경영진은 변화를 외면했고, 결국 시어스는 쇠락의 길을 걷는다.

역사를 되돌아보면 철강, 중공업 분야에서 미국 기업들이 영국과 독일의 선도 기업들을 따라잡는 데 수십 년이 걸렸으며, 제2차 세계대전 이후 자동차, 전자제품 분야에서 일본 기업들이 미국 선도 기업들을 따라잡는 데도 수십 년이 걸렸다. 하지만 시어스와 같은 선도 유통 업체들이 막대한 투자를 기반으로 한 세기 동안 확보한 경쟁력과 시장 지배력은 인터넷의 상용화와 함께 시장에 등장한 전자상거래 업체들에 의해 와해되는 데 10년도 채 걸리지 않았다.

시장을 완전체로 만들어가는 플랫폼

지금의 시장은 가격에 따라 수급이 효율적으로 결정되는 '완전체'가 아니다. 거래비용이론에 따르면 시장의 불완전한 모습은 시장에 참여하는 주체들의 기회주의적 행동에 기인한다. 이런 행동이 거래 비용을 증가시켜 시장의 기능을 훼손한다는 것이다.

지난 수십 년간 시장의 참여 주체들 사이에 충분한 신뢰가 형성되지 않아 시장이 제 기능을 다하지 못했고, 기업은 거래 상대의 기회주의적 행동을 제한하면서 공급자와 구매자의 교섭력을 최소화하는 데 필요한 자원을 내재화하면서 기업의 경계를 확장해왔다. 문제 해결을 위한 역량을 내부에서 찾으려 했던 것이다. 하지만 거래 비용을 줄이기 위한 확장 전략은 조직의 비대화와 관료화로 이어질 수 있다. 또 NIH증후군(외부의 아이디어를 배척하는 현상)이 나타나 기업이 경직되고 배타적인 조직 문화에 사로잡혀 혁신 동력을 잃을 수도 있다.

자원기반이론, 시장을 보는 또 다른 관점

거래 비용과 함께 불완전한 시장을 설명하는 또 다른 이론으로 자원기반이론이 있다. 자원기반이론은 마이클 포터Michael Porter의 산업구조분석모형에 그 토대를 둔다. 신규 진입자의 위협, 공급자의 교섭력, 구매자의 교섭력, 대체품의 위협, 기존 기업 간의 경쟁까지, 5가지 경쟁 요소를 통해서 산업 구조와 기업 경쟁력을 분석하는 산업구조분석모형은 1970년대 후반 소개된 이후 수십 년간 기업들의 전략적 사고를 지배했다. 이 시기 기업들의 목표는 5가지 요소를 통제하면서 경쟁자들이 시장에 진입하지 못하도록 견고한 성을 쌓는 것이었다. 기업들은 5가지 요소를 분석하면서 시장의 진입과 철수 시기를 결정하고 가치사슬의 수평적, 수직적 확대를 도모했다. 공급자들 간의 경쟁을 유도하여 공급 단가를 낮게 유지하면서 원가를 절감하고, 전환 비용을 높임과 동시에 구매자들의 집단행동을 와해시켜 제품 가격을 높게 유지하면서 이익률을 높이고, 이윤을 제품 차별화에 재투자해서 경쟁자들이 시장에 진입하지 못하도록 진입 장벽을 높였다.

1980년대 중반, 버거 워너펠트Birger Wernerfelt가 이 산업구조분석모형을 보완하고 발전시켜 자원기반이론을 정립했다. 시장은 가격에 의해서 수급이 효율적으로 결정되는 완전체가 아니라는 인식이 자원기반이론의 출발점이다. 자원기반이론에 따르면 기업이 필요한 자원을 시장에서 안정적으로 공급받기 쉽지 않은 상황에서는 기업이 보유한 자원이 결국 기업의 경쟁력을 결정짓는다. 모방과 대체가 불가능하고 희소성이 있으며 고객에게 가치를 제공하는 자원의 확보를 통해서 기업은 신규 진입자와 대체품의 위협을 제거하고 공급자와 구매자의 교섭력을 최소화하며, 결과적으로 효과적인 진입 장벽을 만들고 지속적인 경쟁 우위를 확보할 수 있다.

지금은 외부 거래 비용이 내부 거래 비용과 비슷하거나 그보다 더 높기 때문에 기업들은 여전히 필요한 자원과 역량을 내재화하고 영역을 확장하며 성장을 꾀하고 있다. 하지만 외부 거래 비용이 내부 거래 비용보다 더 낮아지고 시장 참여 주체 간의 신뢰 수준이 충분히 높아져 시장이 제 기능을 다하게 되면 생산에 소요되는 모든 재료, 부품, 도구, 인력, 기능, 프로세스 등을 외부에서 조달할 것이다. 분업화된 플랫폼 경제의 틀 속에서 가장 기본적인 단위를 생산하는 생산자들만 존재하게 되는 것이다.

생산된 최종 결과물을 소비자가 구입하기까지의 전 과정을 세분화해서 각 단계를 소규모의 생산자들이 담당한다고 가정해보자. 각 단계의 생산자들은 계약을 통해서 산출물을 다음 생산자에게 넘기고 합의한 가격을 받는다. 또 공통으로 소요되는 도구나 인력은 공동 이용 계약을 맺고 비용은 분담한다. 이와 같이 계약을 통해 분업화된 생산 체계를 운영하면, 기업의 영역을 확장하지 않고도 규모와 범위의 경제 효과를 누릴 수 있다. 정규직 근로자를 고용하여 기업의 영역을 넓히고 규모를 키울 필요가 없다. 시장은 이렇게 완전체로 진화해나갈 것이다.

한편 이 과정에서 블록체인(네트워크에 참여하는 모든 사용자가 관리 대상이 되는 모든 데이터를 분산하여 저장하고 처리하는 기술)으로 구동되는 플랫폼을 기반으로 공급망을 관리하는 기업 경영이 보편화될 가능성이 크다. 시장 주체 간의 높은 신뢰 수준은 기회주의적 행동을 하지 않으려는 선한 의도에 의해 만들어지는 것이 아니라 기회주의적인 행동을 억제하는 시장의 기제에 의해서 만들어지기 때문이다. 목표 지향적이고 이기적인 플랫폼 참여자들이 블록체인을 통해서 공정한 경쟁과 협업을 할 수 있는 환경을 만들어갈 것이다.

현재에도 글로벌 공급망을 운영, 관리하면서 사업을 영위하는 기업들이 존재하지만, 여전히 시장은 소수의 공룡 기업이 가치사슬 전체를 지배하는 수직적인 구조에서 벗어나지 못하고 있다. 블록체인으로 구동되는 플랫폼이 영역을 확대해가면 가치사슬에 참여하는 모든 기업이 수평적인 관계 속에서 분산된 권한을 기반으로 경쟁하고 협업하는 시장이 만들어질 것이다. 그리고 그 과정에서 시장은 다양한 경우의 수를 실험하며 혁신의 속도를 높여갈 것이다.

이러한 조직과 사회의 변화는 어디에서 시작될까? 시장의 중심이 아닌 변방에서 나타날 것이다. 시장을 지배하는 기업과 경영자들은 블록체인을 활용한 네트워크 구조보다 기존의 위계 구조가 그들의 영향력과 지배력을 유지하고 강화하는 데 유리하다는 사실을 인지하고 있기 때문이다. 그들이 기득권을 내려놓고 블록체인으로 구동되는 네트워크 구조를 기반으로 파괴적인 혁신을 선도해나갈 가능성은 낮아 보인다.

시장을 지배하는 기업들은 외부 거래 비용만큼이나 내부 거래 비용을 낮출 수 있는 역량을 가지고 있으며, 그 역량을 기반으로 내부 거래 비용을 지속해서 낮추어가면서 영역의 확장을 시도할 것이다. 특히 새로운 시장을 개척하는 과정에서 자원을 외부에서 조달하기 쉽지 않을 경우, 영역 확대 이외의 선택이 불가능할 수도 있다. 물론 시장의 급속한 변화에 능동적으로 대응하기 위한 필요한 모든 역량을 기업 내부에서 조달하기도 어려울 것이기 때문에, 기업은 최대한 기존의 틀은 유지한 채로 부족한 부분을 채워 나가기 위해 부분적인 변화를 모색할 것이다.

하지만 현재 조직과 시장이 다양한 형태의 갈등에 직면한 이유는 위계 구조상에서는 충족될 수 없는 구성원들의 욕구 때문이며, 또 그들이 선호하는 소통 방식과 업무 처리 방식이 위계 구조와 어울리지 않기 때문이다. 조직과 시장은 결국 구성원들이 원하는 소통 방식과 업무 처리 방식을 통해서 욕구를 충족시키는 방향으로 진화해나갈 것이며, 블록체인 기반의 플랫폼 사업자가 그 진화의 중심에 설 것이다. 그리고 그 플랫폼 사업자는 기득권을 가지고 시장을 지배하는 기업이 아닌 기득권에 도전하는 신생 기업일 가능성이 크다.

플랫폼 시대 기업의 운명

그러나 블록체인 플랫폼이 시장의 기존 질서를 완전히 바꾸어 놓지는 못할 것이다. 기업도 기업의 위계 구조도 여전히 시장에 존재하되 새로운 접근을 통해 주어진 역할을 다할 것이기 때문이다.

기업이 만들어지고 성장해온 배경에서 그 근거를 찾아볼 수 있다. 인간의 합리적 의사결정에 논리적 기반을 둔 신고전파 경제학자들은 시장을 자율에 맡기면 가격의 조정 기능에 의해 생산과 소비가 균형을 이루며 안정적으로 시장이 성장할 것이라는 시각을 가지고 애덤 스미스의 고전파 경제학을 계승하고 발전시켰다. 그들은 기업의 존재 이유를 생산 비용 관점에서 설명하고자 했다.

수요가 발생하면 공급을 위해서 공급자들이 생산을 계획한다. 공급자들은 생산을 계획하기에 앞서 공급 가격을 파악해야 한다. 생산에 따른 수입과 지출을 계산해서 생산 여부를 결정해야 하기 때문이다. 낮은 가격을 원하는 소비자와 높은 가격을 원하는 생산자 사이에서 가격은 애덤 스미스가 주장한 '보이지 않는 손' 즉 시장의 조정 기능에 의해서 결정된다. 조정된 가격에 비용을 맞추지 못하는 기업은 생산을 포기하고 가격을 맞출 수 있는 기업은 생산을 시작한다. 만약 가격의 조정 기능이 제대로 작동하면 기업은 생산에 소요되는 모든 자원을 계약을 통해서 시장에서 조달할 수 있게 되고, 시장에는 가장 기본적인 단위를 생산하는 생산자들만 존재하게 될 것이다.

하지만 신고전파 경제학자들은 가격의 조정 기능이 갖는 한계와 가격 조정 과정에서 발생하는 비용을 간과했다. 경제학자 로널드 코스Ronald Coase는 기업의 존재를 생산 비용이 아닌 거래 비용의 관점에서 설명한다. 신고전학파는 시장을 '보이지 않는 손'이 작동하는 '갈등 없는 세계'로 정의했지만, 코스는 '거래 비용'이 존재하는 '갈등의 세계'로 정의했다. 거래 비용이란 거래를 위한 가격을 결정하기 위해서 협상하고, 협상된 가격을 지키기 위해서 계약서를 쓰며, 계약서에 기재된 사항이 지켜지지 않았을 때 발생하는 분쟁을 해결하기 위한 비용 등을 말한다. 그의 주장에 따르면, 거래에 따라서 다양한 수준의 거래 비용이 발생한다. 거래 비용이 상당할 경우 시장에서의 거래를 회피하고 거래 비용을 최소화하기 위한 대안으로 기업을 만들게 된다.

조금 더 자세히 설명해보자. 세분화된 생산 과정에서 한 단계를 담당하는 생산자가 다음 생산자에게 산출물을 넘기는 일은 수요가 사라질 때까지 반복적으로 발생하며, 산출물을 넘길 때마다 발생하는 수량과 가격 등의 거래 조건에 대한 논의는 많은 시간과 비용을 요구한다. 그래서 일정 기간 두 생산자 사이에 효력이 지속되는 계약을 체결하고 그 계약에 따라 거래를 이행하는 것이 경제적이다. 하지만 이해가 어긋나는 두 생산자 간의 계약 조건에 대한 합의와 계약서 작성에도 적지 않은 비용이 발생한다. 때로는 계약서에 명시된 사항이 지켜지지 않는 경우도 발생하고, 극단적인 경우에는 법정에서 문제를 해결하기도 한다. 이 모든 비용이 감당할 수 있는 범위를 넘어서면 생산자는 대안을 찾게 된다.

그중 하나가 생산 과정에서 각 단계를 담당하는 생산자들 가운데 대표를 뽑아 모든 생산 단계를 통합한 후 하나의 대규모 기업을 만드는 것이다. 통합을 주도한 생산자는 다른 생산자들을 고용하고, 그 생산자에게 생산에 참여한 대가로 임금을 지불한다. 이렇게 되면 생산자들 사이의 계약으로부터 발생하는 거래 비용을 피할 수 있다. 이 과정에서 다수 생산자 간의 관계는 수평적인 계약 관계에서 수직적인 고용 관계로 전환된다. 거래 계약이 고용 계약으로 바뀌는 것이다. 고용 계약은 근로시간 동안 고용주의 지시에 따라 일을 하는 대가로 주어진 임금을 받는 것이 핵심이며, 거래 계약을 체결하고 이행하는 과정에서 생산자들 간에 발생하는 불확실성을 낮추어 안정적인 공급망을 구축하고 비용을 낮출 기회를 제공한다.

하지만 외부 거래를 기업 내부 거래로 대체할 경우 거래 비용의 절감에 따른 이익과 함께 손실도 발생한다. 생산량을 늘리는 과정에서 기업의 생산 관리 역량이 생산량에 비례해서 향상되지 않으면 관리 부실에 의한 비용이 발생할 수 있다. 또한 부정확한 수요 예측에 기인한 과도한 재고 비용도 발생할 수 있으며, 임금을 비롯해서 내부 생산 요소의 공급 가격도 상승할 수도 있다. 외부 거래를 대체하는 내부 거래가 증가하면서 이러한 결합 비용도 증가하게 되는 것이다.

기업의 생산 규모는 절감되는 거래 비용 대비 늘어나는 결합 비용의 크기에 의해서 결정된다. 즉, 거래 비용 절감분이 늘어나는 결합 비용보다 크면 계속해서 생산을 늘리고, 반대의 경우는 줄여야 한다. 균형은 거래 비용 절감분과 결합 비용 상승분이 같아지는 지점에서 이루어진다. 이런 원리에 따라 현실에서는 시장 거래와 기업 내부 거래가 공존하고, 다양한 규모의 기업들이 존재하게 된다.

그런데 기업은 단지 불완전한 거래에서 발생하는 비용을 줄이기 위해 존재하는 것은 아니다. 불완전한 거래에서 발생하는 '잔여 통제권'을 통해 이윤을 추구하기 위해 존재하기도 한다.

블록체인을 기반으로 구동되는 플랫폼에서 체결되고 이행되는 스마트 계약은 정보 검색, 업무 조정, 계약 등과 관련된 거래 비용을 획기적으로 줄여 시장 거래의 비중을 높여가겠지만, 스마트 계약 또한 불완전하며 불완전한 계약에서 발생하는 문제도 여전히 존재할 것이다. 완전한 계약이 체결되려면 발생 가능한 모든 상황을 사전에 미리 예측하고 상황에 따라 계약 당사자 간에 이행해야 할 내용을 계약서에 명시해야 하지만 그것은 불가능하다. 역설적이게도, 이 계약의 불완전성이 기업에게 혁신의 동기를 부여한다. 예측하지 못한 상황에서 계약 대상에 대해 행사할 수 있는 추가적인 권리, 즉 잔여 통제권은 계약 대상을 소유한 자에게 주어지기 때문이다. 계약에 명시된 사항 이외에는 소유자가 자산을 가지고 원하는 대로 무엇이든 할 수 있다는 의미다.

예를 들어 생산자 A와 B가 시장의 거래를 통해 계약을 맺고 공동으로 제품을 개발 및 생산하는 과정에서, 산출물을 생산하는 데 필요한 기계 설비를 A가 소유하고 있다고 가정해보자. A는 혁신 활동을 통해서 기계 설비의 생산성을 향상시켜 계약에 명시된 수량 이상의 제품을 생산할 수 있으며, 추가 생산으로 발생한 이익을 취할 수 있다. B는 추가 생산에서 발생하는 이익의 배분에 대한 협상을 요구할 수 있지만 추가 협상에 비용이 발생한다.

따라서 기업들은 비용을 최소화하면서 시장 변화에 빠르게 대응하기 위해 플랫폼을 기반으로 거래 비용을 낮추고 블록체인을 기반으로 갈등 조정 비용을 낮추어가면서 외부에서 자원을 조달하겠지만, 시장 거래의 비중이 높아진다고 해도 기업 내부 거래를 완전히 대체하지는 못할 것이다. 계약이 체결된 이후 발생하는 모든 상황을 예측하고 계약 당사자 간에 이행해야 할 모든 내용을 계약서에 담아낼 때까지 기업은 존재할 것이다.

정부의 통제를 벗어나는 플랫폼 기업

산업사회가 고도화되면서 분업화와 전문화를 기반으로 시장이 세분화될수록 세분화된 영역을 연계하고 그 과정에서 발생하는 갈등을 조정하며 고객에게 가치를 제공하는 통합자 집단에게 권력이 집중되었다. 그들은 마르크스가 예언했던 노동자도, 애덤 스미스가 기대했던 자본가도 아닌 통합 수단을 소유한 전문가 집단이었다. 산업사회 초기에는 생산 수단을 소유한 자본가가 통합자의 역할을 했으나, 점점 다양한 영역에서 전문적인 통합자가 생겨났다. 정부는 통합자의 통합자 역할을 하며 권력의 정점에 위치했고, 막강한 조세권과 행정력을 기반으로 경제성이 없어 민간의 접근이 어려운 영역에 진입하여 도로, 철도, 항만, 통신망, 교육 시설 등 사회간접자본을 확충하고 산업화를 촉진하면서 권력을 더욱 굳건하게 다졌다.

기업과 정부는
어떻게 손을 잡게 되었을까?

산업화 이전 유럽을 비롯한 대부분 지역에서는 통일된 정치적, 경제적 틀을 가진 국가가 존재하지 않았다. 부족, 공국公國, 왕국 등 지역적 성격이 강한 다양한 형태의 통치 권력이 존재했지만 국경도 분명하지 않았고 표준화된 국가 권력도 존재하지 않았으며 통치 권력도 일부 지역에 국한되었다. 이러한 권력 지형은 산업혁명 이후 기업들이 성장해가는 데 걸림돌이 된다. 세금과 노동에 관련된 법규가 지역별로 달랐으며, 재화의 거래를 위한 단일 통화가 존재하지 않았기 때문이다. 기업이 위치한 지역을 벗어나 시장을 확대해가는 순간 이해 관계자들과 갈등을 겪을 수밖에 없었다.

기업들은 통일된 제도 아래 권력이 지방 곳곳에 미치는 강력한 중앙집권적 국가가 필요했다. 국가라는 틀 속에서 통합된 하나의 경제권을 만들어내고자 했던 것이다. 그러기 위해서는 정치적 통합이 우선이었다. 마침 유럽 대륙을 하나로 묶어왔던 기독교 세력이 16세기 후반에 접어들면서 쇠퇴하기 시작했다.

신성로마제국이 기울어지자 우후죽순 생겨난 독립국가 대부분은 중세 봉건시대의 신분제도를 유지하면서 중앙집권적 통치 구조를 가진 절대주의 국가들이었다. 하지만 왕과 귀족의 횡포에 불만을 가진 시민들은 새로운 형태의 국가를 원했다. 시민들의 염원은 17세기 후반에 일어난 프랑스혁명을 시작으로 19세기까지 다양한 형태로 표출됐다. 신이 아닌 인간의 이성에 의해 의식이 형성되어야 한다는 계몽사상은 프랑스혁명의 사상적 기반을 제공했으며 종교적 이념으로 세워진 절대주의 국가들의 종말을 재촉했다.

절대주의가 아니라면 무엇을 매개체로 시민들을 응집시켜 정치적 통합을 이룰 것인가? 민족주의가 이 문제에 답을 제시했다. 17세기 영국에서는 명예혁명을 통해 왕권을 통제할 수 있는 의회를 기반으로 입헌군주제 국가가 탄생했는데, 같은 지역에서 오랜 시간 동안 공동생활을 하면서 같은 언어를 사용하고 같은 문화를 공유하는 집단, 바로 민족이라는 개념이 시민 간의 정치적 통합을 이루는 매개체가 되었다. 그 이후 유럽에서는 민족주의에 기반을 둔 공화제와 입헌군주제의 국민국가들이 탄생하면서 국가별로 통합된 정치권과 경제권이 만들어지고 기업들의 성장이 가속화했다.

정부는 전문화되고 분업화된 영역 그리고 지역 간의 갈등을 최소화하면서 경제적 통합을 이루어내기 위해 다양한 물리적, 제도적 걸림돌을 제거하면서 봉건사회를 허물고 국민국가의 틀을 형성해갔다. 분업화에 의해 생산된 각 영역과 지역의 산출물은 정부에 의해 건설된 교통망과 통신망을 기반으로 타 영역과 지역으로 이동했고, 그러면서 시장이 성장했다. 시장은 생산량을 늘려서 매출과 이익을 늘리기 위한 공급자(기업)의 관점과 늘어난 생산량을 통해 세수를 늘리기 위한 정부의 관점에서 최적화되었다.

하지만 20세기 말부터 과잉공급 현상이 나타나면서 생산량 증가를 통한 성장이 한계에 도달하자 시장의 최적화는 사용자의 관점에서 진행되기 시작했다. 사용자의 관점에서 시장을 최적화하기 위한 노력은 효율적인 공급을 위해 공급자가 만들어놓은 영역과, 공급자 간의 이해관계를 조정하기 위해 정부가 만들어놓은 영역 간의 구분을 허물기 시작했다. 심지어 국가 간의 경계도 허물어지는 현상이 나타났다. 산업사회에서 일치했던 정부와 기업의 이해관계는 새로운 국면을 맞이하기 시작한 것이다.

정보통신기술의 발달로 시간적, 공간적 제약들이 완화되면서 영토에 기반을 둔 국가라는 개념까지 약화되고 있다. 사용자들은 플랫폼을 통해서 국경을 넘나들며 세상을 만나고 노동을 제공하면서 경제 활동을 이어간다. 지금도 대부분 국가에서 구글을 통해서 필요한 정보를 검색하고 유튜브와 넷플릭스를 통해서 콘텐츠를 즐기며 아마존을 통해서 필요한 상품을 구매한다. 언젠가는 어느 국가의 국민이 아닌 어느 플랫폼의 참여자인지가 개개인의 정체성을 정의하는 데 더 중요한 요인이 될지도 모른다.

물론 플랫폼의 비약적 성장과 함께 플랫폼 사업자들의 시장 지배력 남용, 불공정 거래, 독점 등의 문제도 불거진다. 플랫폼 사업자들에 대한 제재 필요성이 제기되면서 주요국에서 플랫폼 기업의 독점 행위를 제재하기 위한 법률을 제정하고 지침을 발표하는 등 규제가 구체화되고 있다.

미국은 2021년 구글, 아마존, 페이스북, 애플 등 거대 플랫폼 사업자를 대상으로 하는 '플랫폼 반독점 패키지 5대 법안'을 입법했다. 패키지에 포함된 법안들은 플랫폼 사업자가 시장에서 심판의 역할(노출 순위 결정)과 선수의 역할(플랫폼 이용업체와 상품 판매 경쟁)을 동시에 수행하는 과정에서 발생하는 이해 상충을 폐해의 근원으로 전제하고, 사업확장 제한 등의 사전 규제와 이해 상충의 소지가 있는 행위 자체를 금지하는 사후 규제 등 전례 없이 강한 규제의 내용을 담고 있다.

'플랫폼 독점 종식법'은 플랫폼 운영과 서비스 제공을 분리하도록 해서 검색, 노출 순위에서 자사 서비스를 우대할 수 있는 여지를 없애는 법안이다. '플랫폼 경쟁과 기회법'은 잠재적 경쟁자를 인수하거나 플랫폼 경쟁력의 핵심인 데이터 확보를 목적으로 하는 인수합병을 제한하는 법안이다. 그 외에도 '온라인 선택과 혁신법'은 데이터 독점, 가격책정 개입 등의 불공정행위를 사후 규제하는 내용을 담고 있다. 플랫폼을 통해 생성된 거래 정보를 빅테크가 독점하지 않고 경쟁 플랫폼과 플랫폼 이용자들도 활용할 수 있도록 함으로써 정보 격차에 기인하는 진입 장벽을 완화하는 '데이터 이동, 호환 보장법'도 플랫폼 반독점 패키지 5대 법안에 포함된다.

빅테크와 일반 플랫폼 사업자 간 규제 이원화를 추구하는 EU는

2020년부터 플랫폼 사업자와 입점 업체 간 거래에서 발생할 수 있는 불공정 거래 행위를 규제하기 위해 '온라인 플랫폼 공정성 및 투명성 규칙'을 시행하고 있다. 상세하고 광범위한 계약서(서비스 이용약관)에 필수 기재사항을 적시하도록 하여 거래 관계의 투명성을 높이고, 플랫폼 서비스의 제한, 중지, 해지 시 사전 통지를 의무화함으로써 절차적 공정성을 확보하고, 역동적인 플랫폼 산업의 특성을 반영하여 신속하고 유연한 분쟁 해결 절차를 마련하는 내용으로 구성된다. 한편 빅테크에 대해서는 미국의 플랫폼 반독점 패키지 5대 법안과 같은 한층 강도 높은 '디지털 시장법'을 추가로 적용하는 방안을 추진 중이다.

현재까지 우리나라의 플랫폼 규제에 대한 입법 논의는 미국이나 EU 같은 강력한 빅테크 규제안보다는 거래상 우월적 지위의 남용을 막기 위한 '온라인 플랫폼 공정화법'을 중심으로 진행되고 있지만, 플랫폼 산업에 대한 규제를 강화하는 각국의 움직임과 보조를 맞추는 중이다.

플랫폼에 대한 각국의 규제는 플랫폼 참여자를 보호하고 시장의 건강한 성장을 위한 노력으로 해석될 수도 있지만, 플랫폼 기업들을 정부의 통제 범위에 두고자 하는 각국의 노력으로도 해석될 수 있다. 각국 정부가 힘을 모아 플랫폼 기업을 견제하는 형국이다.

하지만 이미 정부도 거대한 플랫폼 사업자와의 협업 없이는 효과적으로 국정을 운영하기 쉽지 않은 상황에 놓여 있다. 코로나19 예방접종 증명서의 발급도, 민원 신청과 증명서 발급도, 심지어 금융 거래도 주요 플랫폼 사업자가 발행하는 인증서를 활용한다. 정부는 플랫폼을 통제하기보다는 다가올 플랫폼 경제를 이해하고 조세법과 노동법의 새로운 틀을 마련해 플랫폼과 상생하면서 새로운 성장 동력을 찾아야 한다. 산업화를 위해 봉건사회를 허물고 국민국가의 틀을 만들었듯이, 플랫폼을 기반으로 새로운 시대로 진입하기 위해 새로운 국가의 틀과 정부의 역할을 찾아야 한다.

- 18세기 산업혁명과 함께 시작된 산업사회는 시공간의 동기화와 표준화를 기반으로 효율적인 소품종 대량 생산 체제를 만들어냈지만, 과잉공급 현상이 나타나고 소비자의 목소리가 커지면서 소품종 대량 생산 체제가 다품종 소량 생산 체제로 전환되고 있다.

- 기업은 정보통신기술을 접목한 플랫폼을 기반으로 물리적 제약을 완화하면서 모듈 단위의 자원을 상황에 맞게 조합하여 고객별 맞춤 상품을 제공할 접근법을 모색하고 있다.

- 시장은 디지털 기반의 플랫폼을 통해 거래 비용을 현격히 줄이면서 가격에 따라 수급이 효율적으로 결정되는 '완전체(거대한 분업 체계)'로 진화해갈 것이다. 그 과정에서 블록체인은 분산된 권한을 기반으로 공정한 시장 질서를 만들어가는 데 기여할 것이다.

- 불완전한 거래에서 발생하는 '잔여 통제권(계약에 구체적으로 명시되어 있지 않은 부분에 대한 계약 당사자들의 통제권리)'을 통해서 얻을 수 있는 이익이 존재하는 한 기업의 형태는 유지될 것이다.

- 최근 불거진 플랫폼 사업자들의 시장 지배력 남용, 불공정 거래, 독점 등의 문제를 해소하기 위해 주요국들은 관련 규제를 구체화하고 있다.

PLATFORNOVATION

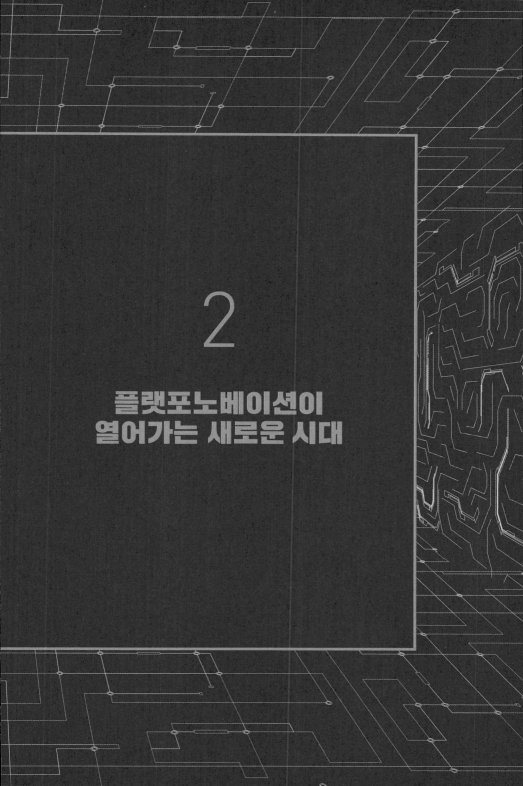

2

플랫포노베이션이
열어가는 새로운 시대

3

무엇이 변화할 것인가

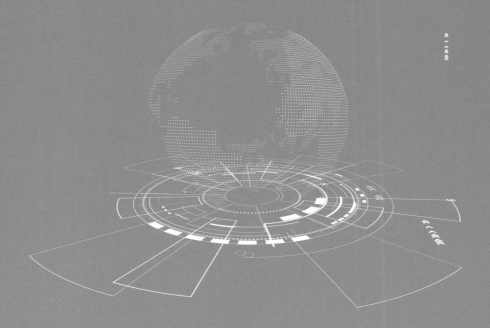

- ■ '라이더'는 근로자인가 배달사업자인가?
- ■ 노동의 가치와 개념은 어떻게 달라질까?
- ■ 네이버가 세금 4,300억 원 낼 때 구글은 97억 원 내는 이유는?
- ■ 플랫폼 시대에는 정당도 조립식이 된다?

4차 산업혁명이 전개되면서 회자되었던 디지털 플랫폼 기반의 패러다임 변화가 예상보다 빠르게 현실로 다가오면서 사회 구성원들은 미래에 대한 두려움을 겪고 있다. 정신의학자 폴 트루니에는 저서 《인간의 자리》에서 이런 두려움을 '중간 지대의 불안'이라 정의했는데, 공중그네를 타는 곡예사가 반대편의 그네를 잡기 위해 잡고 있던 그네를 놓고 잠시 공중에 머물러 있는 순간에 느끼는 것과 같은 불안감을 가리킨다.

한편 사회심리학자 헤이르트 호프스테더Geert Hofstede는 저서 《세계의 문화와 조직Cultures and Organizations》에서 한국이 높은 수준의 '불확실성 회피 성향'을 보인다고 분석했다. 불확실성을 회피하는 문화를 가진 사회는 상대적으로 변화를 두려워하고 새로운 시도에 소극적이며 제도를 통해서 변화의 위험성을 줄이고자 하는 경향을 보인다. 패러다임의 변화 속에서 구성원들이 느끼는 중간 지대의 불안을 해소하기 위해서는 새로운 관점에서 플랫폼 경제를 담아낼 수 있는 틀을 마련하고 미래의 불확실성을 낮추어야 한다. 그런데 역설적으로 불확실성을 회피하고자 하는 성향이 강한 사회는 티핑 포인트(폭발적인 변화가 일어나는 순간)를 지나 변화가 급물살을 타기 시작하면 제도를 기반으로 새롭게 전개되는 상황을 정리하고자 하는 경향을 보인다. 이는 신산업과 시장의 성장을 견인하기 위해 새로운 제도를 설계하는 데 강한 추진력으로 작용할 수 있다.

빅데이터, 인공지능, 로봇 등 신기술을 기반으로 구동하는 플랫폼 경제가 패러다임의 전환을 견인하고 있다. 기존의 이론으로 설명하기 어려운 다양한 현상들이 나타나는 만큼, 플랫폼 시대를 지배할 수 있는 새로운 이론적 틀과 가치 체계를 마련해야 한다. 기존 산업사회의 패러다임으로는 플랫폼 경제를 설명할 수도 없고 플랫폼 시대의 생존을 위한 전략을 수립할 수도 없다. 기업도 사회도 디지털 플랫폼이 견인하는 새로운 패러다임을 이해하고 성장을 위한 새로운 게임의 법칙을 만들어내지 못하면 글로벌 플랫폼 기업들이 만들어놓은 틀 속에서 모두가 파편화되어 극한의 경쟁으로 내몰리면서 〈오징어 게임〉의 주인공이 될 것이다.

3장에서는 디지털 플랫폼이 견인하는 패러다임의 변화가 일과 삶에 미치는 영향을 살펴보고, 시장의 혼란을 최소화하기 위해 노동 정책과 조세 정책을 어떻게 개선해야 할지 고민해본다.

시대를 지배하는 틀, 패러다임

패러다임은 고대 그리스어 '파라데이그마paradeigma'에서 유래한다. 고대 그리스에서는 사례를 통한 증명이라는 의미로 쓰이기도 했고, 판례라는 의미의 법률 용어로 쓰이기도 했으며, 예술 창작 활동의 표현 대상을 의미하기도 했다. 플라톤은 '이데아는 현실세계의 파라데이그마'라고 표현했다. 현대사회에서 패러다임이라는 용어는 미국의 과학사학자이자 철학자인 토머스 S. 쿤이 1962년 저서 《과학혁명의 구조》에서 사용한 이후, '한 시대 사람들의 견해나 사고를 지배하는 이론적 틀이나 개념의 집합체'라는 의미로 널리 쓰이고 있다.

쿤은 그의 저서에서 과학은 연속적인 지식의 축적으로 발전하는 것이 아니라 불연속적이고 혁명적인 발견으로 발전해왔다는 파격적인 주장을 펼쳤다. 과학은 여러 이론이 공존하고 경쟁하는 전 과학 pre science 단계에서, 한 이론이 우월적 지위를 차지하면서 패러다임으로 자리 잡아 정상 과학normal science의 단계로 전개된다는 것이다. 간단히 설명하면 다음과 같다. ①과학자들은 특정 패러다임이 제공하는 이론과 가치 체계의 토대 위에서 현상들을 설명하기 위해 노력하며, 이러한 과정을 통해 패러다임은 더욱 확장되고 공고해진다. ②기존 패러다임으로 설명할 수 없는 이상 현상이 등장하면 처음에는 기존 패러다임을 변형해서라도 이상 현상을 설명하기 위해 노력한다.

③이후에도 이상 징후들이 계속 나타나 위기 상황에 놓이면 이를 설명하기 위한 새로운 이론이 등장한다. ④새 이론이 이상 현상을 설명하면서 우월적 지위를 차지하면 패러다임의 전환이 이루어지고 새로운 정상 과학의 단계가 전개된다.

쿤에 의해 과학 분야의 발전 단계를 설명하는 개념으로 정의되었던 패러다임은 이제 과학뿐만 아니라 정치, 경제, 사회, 문화 등 사회 전반에 걸쳐 한 시대를 지배하는 이론적 틀의 집합체를 의미하는 개념으로 널리 쓰이고 있다.

비대면으로 소통하는 사회

속도의 차이는 존재하겠지만 4차 산업혁명이 전개되면서 현재 우리가 경험하고 있는 대부분의 제품과 서비스는 최소한의 기능을 구현하는 모듈 단위로 쪼개져 플랫폼이라는 공간에서 사용자의 관점에 의해 선택되고 재조합되어 사용될 것이다. 그런데 시장과 사회의 파편화가 가속화되면 사회 구성원이 경험해야 할 관계의 수가 기하급수적으로 증가할 것이다. 하나의 제품을 구매할 때도 원하는 기능을 구현하는 모듈을 선택하고 조합하면서 한 번 이상의 구매 관계가 발생하기 때문이다.

예를 들어, 구성원들이 좋아하는 음식이 제각각이라 외식 장소를 결정하기가 어려운 가족이 있다고 해보자. 그 가족은 각자 선호하는 식당의 요리를 집으로 배달시켜 함께 식사할 수도 있다. 온 가족이 하나의 식당을 선택해서 식사했다면 한 번의 식사 대금 지불이 발생하겠지만, 가족 구성원 각각이 원하는 음식을 배달시키면 여러 번의 식사 대금 지불이 발생한다.

이렇게 경험하게 될 관계의 수와 계약의 수가 증가하는 과정에서 관계로부터 피로감을 느낀 사회 구성원들은 대면 소통보다 비대면 소통을 선호하게 될 것이다.

최근 서비스 시장의 화두 중 하나는 비대면 서비스다. 터치스크린 형식의 무인 단말기, 키오스크를 활용한 주문과 결제가 매장에서 보편화되고 있으며, 오프라인 매장을 온라인에 옮겨놓은 O2Oonline to offline서비스 시장도 급성장하고 있다. 일부 매장에서는 쇼핑 바구니의 색상을 구분해놓고 특정 색상의 바구니를 든 고객에게는 점원들이 말을 걸지 않는다. 일부 젊은 고객들이 대면 소통을 극도로 기피하기 때문이다.

왜 그럴까? 함께 공부하며 뛰놀던 친구 몇 명 그리고 동네 어르신 몇 분과의 제한된 관계 속에서 성장했던 기성세대와 달리, 현재 MZ세대(1980년대에서 1990년대 중반 태어난 밀레니얼 세대와 그 이후의 Z세대를 아우르는 세대)는 태어나면서부터 스마트 기기들이 만들어놓은 사이버 공간에서 기성세대가 상상할 수 없을 만큼 다양한 관계 속에서 성장해왔다. 그렇기에 그들은, 특히 10대와 20대는 기성세대보다 훨씬 이른 나이에 관계로부터 피로감을 느끼고 대면 소통을 기피한다.

하지만 비대면 소통은 대면 소통에 비해 더 효율적인 대신 덜 효과적이다. 동영상 기반의 소통이 대면 소통을 기피하는 사회 구성원들에게 효과적이지 못한 비대면 소통의 단점을 보완해주는 대안이 될 것이다. 최근 몇 년간 한국인이 가장 많이 이용한 앱이 유튜브라는 점은 시사하는 바가 크다. 또 메타버스가 최근 시장에서 주목받고 있는 이유도 대면 소통의 효과성과 비대면 소통의 효율성을 동시에 추구할 수 있는 공간으로 인식되기 때문이다.

한편, 관계에 대한 구성원의 시각도 바뀔 것이다. 한번 맺은 관계 속에서 무엇을 할지 고민하기보다는, 무엇을 할지 고민하면서 플랫폼을 통해 끊임없이 대안 관계를 찾아갈 것이다. 지금까지 기업은 한번 직원을 채용하면 직원이 정년 등의 이유로 퇴사할 때까지 다양한 기제를 통해서 직원의 노동력을 생산적으로 활용하기 위해 고민해왔다. 직원의 역할을 바꾸어보기도 하고 평가와 보상을 통해 직원에게 동기를 부여하기도 했다. 하지만 앞으로는 이러한 고민과 노력을 하지 않게 될 것이다. 플랫폼을 통해서 그때그때 노동자들과 계약을 맺고 필요한 노동력을 공급받을 수 있기 때문이다.

분업의 단위는 점점 더 세분화되고, 적용 범위도 조직을 넘어 시장 전체로 확장될 것이다. 정보통신기술의 발달로 공간과 시간의 물리적 제약이 극복되면서, 파편화된 업무와 노동력은 플랫폼 위에서 스마트한 알고리즘을 기반으로 상황에 따라 최적화된 조합을 만들어내며 복잡한 과업을 수행할 수 있는 환경을 만들어줄 것이다.

　플랫폼의 확산과 함께 가속화되는 사회의 파편화는 소통 방식, 구성원 간의 관계, 업무 방식 등 사회의 모든 영역에서 변화를 만들어내며 패러다임을 바꾸어놓을 것이다. 구글은 코로나19 이후 빠르게 재택근무 제도를 도입했다. 자사의 클라우드 기반 협업 소프트웨어인 구글 워크스페이스를 활용해 직원 간 소통, 업무 처리, 성과 관리가 가능하도록 했으며, 화상회의 소프트웨어인 구글 행아웃을 통해 온라인으로 티타임을 갖는 등 직원 간 친밀감 형성에도 노력을 기울였다. 또한 재택근무에 필요한 기기 구입 비용을 제공하는 등 직원 복지 역시 추가적으로 제공했다.

　하지만 기존 산업사회의 틀 속에서 살아오면서 대면 업무에 익숙한 사회 구성원들은 디지털 플랫폼이 요구하는 비대면 업무에 적응하는 과정에서 적지 않은 고충을 경험하고 있다. 구글 역시 재택근무가 장기화되면서 직원의 업무 생산성이 하락하는 것을 감지하고, 이를 방지하기 위해 철저한 성과 관리 및 엄격한 재택근무 가이드라인을 마련했다. 생활비가 저렴한 지역에서 재택근무 중인 직원을 대상으로 임금을 삭감하는 등 새로운 급여 기준도 도입했다.

　비대면으로 업무를 처리하는 과정에서는 비언어적 소통이 쉽지 않다. 심리학자 앨버트 메라비언Albert Mehrabian은 《침묵의 메시지 Silent Messages》에서 비언어적 의사소통의 중요성을 '7-38-55 법칙'을 통해 설명했다. 언어는 7퍼센트, 목소리는 38퍼센트, 표정과 태도는 55퍼센트의 비중으로 효과적인 의사소통에 영향을 미친다는 것이다. 따라서 표정, 태도, 목소리 등의 비언어적 요소가 온전히 전달되지 않는 비대면 소통은 메시지의 의미를 파악하는 데 한계가 있으며 불필요한 오해를 낳을 수 있다. 비대면 업무가 자리 잡기 위해서는 비언어적 요소를 담아내는 비대면 소통 기제를 마련하는 노력이 시급하다.

프리랜서로 살아가는 근로자

　4차 산업혁명이 본격적으로 전개되고 산업이 고도화되면서 사회에는 양질의 일자리가 더 많이 생겨날 것이라는 기대감과 인공지능에 의해 많은 직업과 일자리가 사라질 것이라는 두려움이 공존하고 있다. 각 정부는 대량 실업에 대비해 실업률을 낮추고 실업자를 위한 사회 안전망을 구축하기 위해, 그리고 더 나아가 정규직 일자리를 늘리고 완전 고용을 달성하기 위해 노력하고 있다.

하지만 4차 산업혁명은 실업에 대한 정의조차 바꾸어놓을지 모른다.

산업혁명 이후 생산과 소비가 분리된 시장이 형성되면서 사회 구성원들은 소비를 위한 비용을 마련하기 위해 노무를 제공하고 대가로 임금을 지불받는 일자리가 필요했다. 하지만 인공지능과 3D프린팅 관련 기술이 발전하면서 대부분의 생산 기술과 설비가 대중화되면 삶을 영위하는 데 필요한 수단을 스스로 생산해서 소비할 수 있어 일자리에 대한 정의와 시각도 바뀔 것이다.

한편 노동의 가치에 대한 시각도 시대의 흐름에 맞게 조정될 것이다. 대부분 사회는 여전히 노동가치론에 뿌리를 둔 문화를 가지고 있다. 모든 사회 구성원은 동일한 양의 노동을 제공할 수 있는 기회를 제공받아야 하며, 동일한 양의 노동에 대해서는 동일한 임금이 지불되어야 한다는 인식이 뿌리 깊다. 그래서 각 정부는 전일제 정규직을 늘리고 완전 고용 상태에 이르기 위해 노력한다. 더 나아가 사회 구성원들이 소유하고 있는 자본과 지식을 기반으로 취하는 잉여 가치에 대해서는 불로소득이라는 부정적 인식을 가지며, 더 높은 세율로 징벌적 과세를 하고 있다.

재화의 가치에 대한
두 가지 시선

고대부터 서양 철학자들은 재화의 가격을 결정하는 것은 재화가 지닌 가치라고 보았으며, 근대에 이르러 애덤 스미스는 《국부론》에서 재화의 생산에 투입된 노동이 재화의 가치를 만들어낸다고 주장했다. 이후, 데이비드 리카도는 애덤 스미스의 주장을 체계화하여 노동가치론을 정립한다. 그는 재화의 가치와 노동의 양은 객관적인 기준으로 측정할 수 있는 대상이라고 전제하고 재화의 가치는 재화의 생산에 투입된 노동의 양에 따라 결정된다고 설명했다.

이와 같은 고전학파의 노동가치론은 카를 마르크스에 의해 비판적으로 계승되어 마르크스주의 경제학의 노동가치론으로 발전했다. 마르크스는 오로지 인간의 노동만이 새로운 가치를 창출하며, 따라서 유일한 이윤의 원천이라고 전제하고 노동은 자연이 준 자원에 새로운 가치를 더하는 것이라 정의했다. 또한 가치의 크기는 상품의 생산에 평균적으로 소요되는 노동의 양으로 계산될 수 있으며, 노동의 양은 시간으로 측정될 수 있다고 설명했다. 따라서 자본가에게 귀속되는 잉여 가치는 노동자에 대한 자본가의 착취가 된다.

하지만 노동이 주요 생산 요소인 산업화 이전 사회와는 달리 기계, 설비 등의 자본이 주요 생산 요소로 등장하는 산업사회에 들어서자 노동가치론을 기반으로 재화의 가치를 설명하는 이론들이 힘을 잃기 시작했다. 또 재화의 효용 즉 사용자가 느끼는 주관적인 만족도가 재화의 가치를 결정한다는 효용가치론이 대두하면서 노동가치론의 입지는 더욱 좁아졌다. 그러나 대부분의 사회는 여전히 노동가치론에 뿌리를 둔 정책을 펼치고 있다.

그러나 이런 노동시장의 모습도 4차 산업혁명이 진행되면서 변화를 겪을 것이다. 스스로 생산해서 소비할 수 있는 재화의 영역이 넓어지면서, 노무를 제공하고 지불받은 임금으로 삶에 필요한 모든 재화를 마련하기보다는 원할 때 필요한 만큼의 비용을 마련하기 위해 필요한 만큼의 노동을 제공할 수 있는 근로 조건을 선호하게 될 것이다. 시장이 생산과 소비의 구분이 모호했던 산업사회 이전의 모습으로 회귀하는 것이다.

다만 노동시장은 발전하는 정보통신기술로 구동되는 플랫폼이라는 공간에서 근로자는 원할 때 필요한 만큼의 노무를 제공하면서 필요한 만큼의 수익을 만들 수 있고, 사용자는 원할 때 필요한 노무를 필요한 만큼 제공받고 그만큼만 비용을 지급할 수 있는 유연한 환경을 조성해나간다. 사용자와 공급자가 원하는 조합을 그때그때 함께 만들어내면서 효율적으로 진화하는 것이다.

산업화가 진행되면서 최소한의 단위로 쪼개진 작업은 일련의 생산 공정 속에서 표준화된 시간을 기준으로 상호 의존성을 가지고 연계되었다. 작업 간의 연계를 위해 산업사회는 근로자들을 동 시간대에 일터로 불러모았으며, 근로자들의 작업 시간뿐만 아니라 휴식 시간, 식사 시간, 취침 시간까지도 동기화했다. 근로자들은 출퇴근 시간대의 교통 체증도 당연한 것으로 받아들였다. 20세기 중엽, 독일에서 여성 인구를 노동시장으로 유인하기 위해 일부 기업에서 시작한 유연근로시간제가 기업의 생산성 향상과 근로자의 균형적인 삶을 위한 제도로 인식되면서 최근 많은 기업에서 활용하고 있지만, 대부분 근로자는 여전히 산업사회가 만들어 놓은 틀 속에서 노무를 제공한다. 하지만 최근에는 정보통신기술의 발달로 시간과 공간의 물리적 제약이 극복되면서 근로자들의 다양한 욕구를 수용할 수 있는 근로 환경 구축이 가능해졌다.

원하는 작업을 원하는 시간에 원하는 위치에서 수행할 수 있는 여건이 만들어지면서 시간과 공간의 동기화 개념이 의미를 잃어가는 중이다. 팬데믹으로 이러한 현상은 더욱 가속화하고 있다.

머지않은 미래에 대부분의 근로자는 플랫폼에서 파편화된 노동을 제공하며 계약직 근로자나 '프리랜서freelancer'로 불리는 자유계약자로 살아갈 가능성이 높다. 〈포브스〉에 따르면 2021년 미국 노동자의 36퍼센트에 해당하는 5,900만 명이 조직의 틀에서 벗어나 프리랜서로 존재하며 삶을 영위하고 있다.

중세의 용병,
프리랜서

프리랜서는 어떤 영주에게도 소속되지 않은 자유로운free 창기병lancer이라는 뜻으로, 중세 서양의 용병에서 유래한 말이다. 이들은 이곳저곳을 떠돌며 영주들과 계약을 맺고 그들을 위해 싸웠다. 프리랜서들에게 대의명분이나 고용주의 가치관은 중요하지 않았다. 오로지 더 나은 보수를 위해 여기저기로 옮겨 다닐 뿐이었다.

충분한 경쟁력을 가지고 있으며 자유로운 근무 여건을 선호하는 근로자들은 플랫폼이 만들어내는 변화를 반기겠지만, 충분한 경쟁력이 없거나 고용 안정성을 추구하는 근로자들은 힘겨운 시간을 경험해야 할 것이다. 플랫폼 사업자는 서비스의 사용자와 공급자를 연결해주지만, 노동자의 권익 보호를 위한 법적 또는 도덕적 책임을 거의 지지 않기 때문이다.

한국고용정보원에 의하면 2021년 플랫폼 노동자 수는 66만 명으로 추정되며 전체 취업자의 2.6퍼센트를 차지한다. 이들은 앱이나 SNS 등의 디지털 플랫폼을 통해 노무를 제공하고 보수를 받는다. 배달, 운전, 가사 노동 등의 서비스 제공자가 대부분이다.

대한민국 플랫폼 종사자 규모

	15~69세 취업자 수	넓은 의미의 플랫폼 종사자	좁은 의미의 플랫폼 종사자
인원(1,000명)	25,885	2,197	661
비율(%)	100	8.5	2.6

2021년 5월 기준

좁은 의미의 플랫폼 종사자의 직종 분포

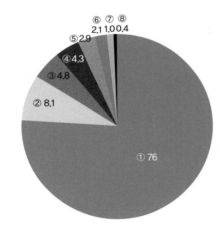

⑥ ⑦ ⑧
2.1 1.0 0.4
⑤ 2.9
④ 4.3
③ 4.8
② 8.1
① 76

직종 순위
① 배달·배송·운전
② 전문 서비스(통번역·강사·상담 등)
③ 데이터 입력 등 단순 작업
④ 가사·청소·돌봄
⑤ 미술 등 창작활동
⑥ IT 관련 서비스
⑦ 미용·세탁·장례 등 개인서비스
⑧ 음식 조리·접객·판매

단위 : %

문제는 이들의 법적 지위다. 근로기준법은 직업의 종류와 관계 없이 임금을 목적으로 사업이나 사업장에 근로를 제공하는 자를 근로자로 정의하고 있는데, 플랫폼 노동자는 사용자에 대한 종속성이 낮아 현행 근로기준법상 근로자보다는 개인사업자로 보는 견해가 지배적이다. 하지만 2020년 고용노동부는 음식 배달 서비스 업체, 요기요와 개인사업자로 계약을 맺고 음식 배달을 대행한 라이더를 요기요 소속 근로자라고 판단했다. 요기요가 라이더들에게 시급을 지급한 점, 출퇴근 의무를 부과하고 카카오톡 등으로 출근 여부를 보고하도록 지시한 점 등을 고려하면 그들을 근로자로 볼 수 있다고 판단한 것이다. 처음으로 정부가 플랫폼 노동자를 근로기준법상 근로자로 인정한 사례다. 하지만 법조계를 중심으로 플랫폼 노동자의 법적 지위에 대한 논란이 여전히 이어지고 있다.

근로자라면 업무 관계에서 사용자의 지시를 받아야 하는데, 플랫폼 노동자가 앱 등을 통해 받는 배달 콜을 업무 지시로 볼 수 있을까? 구체적 업무 지시 여부와 근로 시간 통제 여부 등을 고려할 때 플랫폼 노동자를 근로자로 보기는 어려운 측면이 있다. 또한 플랫폼 노동자는 하나의 플랫폼이 아닌 여러 개의 플랫폼에 참여하여 노무를 제공할 수 있으므로 사용자에 대한 종속성도 낮게 판단될 수 있다. 현행법상 플랫폼 노동자를 개인사업자로 보기도, 전통적인 의미의 근로자로 보기도 어려운 것이다. 그래서 시장의 변화에 따른 새로운 제도적 틀이 필요하다. 배달, 운전 대행 등과 같은 직종에 종사하는 대부분의 플랫폼 노동자들은 고용 상태와 수입이 불안정하고 교통사고와 같은 안전사고에 상시 노출되는 등 열악한 근로 환경에 놓여 있는 경우가 많아 이들에 대한 사회 안전망 구축이 시급한 상황이다.

> 새로운 제도적 틀이 마련되지 않는 한, 플랫폼 노동자들은 현 노동법의 사각지대에서 자신들의 권리를 보호받기 위해 스스로 투쟁해나가야 할 것이다.

한편, 기업이 고용한 노동자의 권리를 지키기 위해 생겨났던 노동조합의 전통적인 역할도 도전에 직면할 것이다. 이러한 상황에서 시민 단체들은 현 노동법의 테두리에서 보호받지 못하는 플랫폼 노동자들의 권익을 보호하기 위해 기존 노동법을 확대 해석하여 플랫폼 시장에 적용하도록 정부에 지속적인 압력을 가하고 있다. 한편 플랫폼 사업자들은 노동시장에서 만들어지는 규제에 촉각을 곤두세우면서 플랫폼이 지닌 생산성을 훼손하지 않고 기업의 경쟁력을 유지하면서 시장의 반 플랫폼 정서에 대응하고자 할 것이다.

미국에서도 근로자들의 지위에 대해 명확한 정의를 내리지 못하기는 마찬가지였다. 하지만 주별로 다른 규제가 적용되는 상황에서 일부 지역에서는 변화가 나타났다. 2019년 미국 캘리포니아 주에서는 우버나 리프트 등에서 일하는 운전기사들에게 근로자 권리를 부여하는 법안이 통과됐으며, 기업이 필요에 따라 임시로 고용하는 계약직 근로자들을 정식 직원으로 대우하도록 하는 내용이 포함됐다. 〈뉴욕타임스〉는 법안 통과 소식을 전하며 운전 대행, 음식 배달 등의 서비스를 제공하는 플랫폼 노동자 약 100만 명이 혜택을 볼 것으로 추정했다. 이에 앞서 2014년 연방 법원이 페덱스가 캘리포니아에서 2,300여 명에 달하는 택배 인력을 정규직이 아닌 계약직으로 분류하고 처우한 것에 대해 불법이라는 판결을 내리고 복지 수당 및 초과 근무 수당 지급, 사회보장기여금 지원 그리고 심지어 유니폼 구입비 등 업무 관련 비용 일체 변제 등을 명령하기도 했다.

캘리포니아주 사례에서 주목받는 것은 ABC 테스트다. 플랫폼 노동자를 실제 독립 계약 업자로 볼지, 고용된 직원으로 볼지를 판단하는 테스트인데 근로자를 일단 피고용인인 직원으로 추정한 상태에서 출발한다. 이후 업무 수행과 관련해서 아래 3가지를 판단한다.

(A) 기업의 통제와 지시로부터 자유로운가?

(B) 통상적인 업무 이외의 회사 업무를 수행해야 하는가?

(C) 독립적인 사업을 운영하는가?

3가지 조건에 모두 해당해야 독립 계약자로 분류되는데, 입증의 책임은 회사에 있다. 사용자인 회사 측에서 3가지 항목에 모두 해당한다는 사실을 입증하지 못하면 피고용인에게 직원의 지위가 부여된다.

하지만 2021년 미국 연방정부는 플랫폼 노동자를 독립 계약자로 분류하는 노동부의 규칙을 발표함으로써 캘리포니아주의 법에 상반되는 입장을 보였다. 한편 프랑스는 플랫폼의 사회적 책임을 강조하는 '노동과 사회적 대화의 현대화 그리고 직업적 경로의 보장에 관한 법'을 2016년에 통과시켜 디지털 플랫폼을 통해 일하는 노무 제공자에게 노동3권을 부여했다.

위 사례와 같이 플랫폼 노동자의 권리에 관한 논의가 운전 대행, 음식 배달, 가사 대행업 종사자 위주로 이루어지다 보니 플랫폼 노동을 이야기할 때 단순 노동직에만 초점을 맞추기도 한다. 하지만 플랫폼 경제가 성장하면서 의료, 법률 서비스와 같은 복잡 노동직에도 변화가 일어나고 있다. 액시옴Axiom은 프리랜서로 활동하는 법률 전문가들과 인공지능을 활용하여 전 세계 기업을 대상으로 법률 서비스를 제공하는 플랫폼을 운영하는데, 2018년의 매출 규모가 3억 6,000만 달러에 이른다. 또 다른 법률 서비스 플랫폼 인클라우드카운셀InCloudCounsel 역시 기업 고객을 대상으로 계약서를 검토하고 작성하는 일상적인 법률 업무를 오프라인 법률 회사보다 70퍼센트 낮은 가격으로 대행해주며 세계 시장에서 급성장하고 있다.

의료 서비스 분야에도 유사한 변화가 생겨나는 중이다. 2002년에 설립된 텔라독 헬스Teladoc Health는 플랫폼을 기반으로 전화 및 화상회의 소프트웨어를 사용해 비응급 상황에 대한 원격 의료 서비스를 제공한다. 초기에는 미국 내 기업 고객들을 대상으로 서비스를 시작했지만, 지금은 전 세계 2,400여 명의 의료진이 텔라독이 운영하는 플랫폼에 참여하고 있으며 175개 나라에서 40개 언어로 서비스를 제공한다.

전문 지식을 요구하는 복잡 노동시장도 표준화된 일상 업무들은 저임금의 프리랜서 전문가들이 활동하는 플랫폼으로 옮겨갈 것으로 예상된다. 그러나 세계적인 법무 법인, 회계 법인, 의료 기관, 컨설팅 기업의 시장 지배력은 감소할지언정 사라지지는 않을 것이다.

> 복잡 노동시장의 경우 플랫폼에서 구동되는 저비용의 지식 서비스 시장과 소수의 분야 최고 전문가가 제공하는 고비용의 지식 서비스 시장으로 양극화될 가능성이 높다.

앞으로는 저임금의 프리랜서도 고임금의 분야 최고 전문가도, 세계 시장에서 플랫폼을 통해 파편화된 근로를 제공하며 경쟁하게 될 것이다.

탈국경 시대의 새로운 조세 제도

각국의 중앙 정부와 지방 정부는 플랫폼의 성장과 함께 새로운 노동 정책과 새로운 조세 정책을 만들어내야 하는 부담을 떠안을 것이다. 빠르게 성장하는 플랫폼 기업들이 국경을 뛰어넘어 시장을 확대해가면서 각 지역에 위치한 소규모 업체들의 폐업이 이어지고 있으며 지방 정부의 판매세와 법인세 세수 또한 감소하고 있다. 물리적으로 다른 지역에 위치하면서 원격으로 상품을 판매하는 플랫폼 기업에 대한 판매세 징수가 여의치 않은 경우, 판매세를 납부하는 지역 업체들이 가격 경쟁력을 잃게 되어 글로벌 플랫폼 기업들과의 경쟁에서 역차별을 당하는 현상까지 나타날 수 있다.

대표적인 글로벌 플랫폼 기업 아마존의 경우, 영업하는 대부분 지역에서 판매세나 부가가치세를 구매자에게 부과해서 납부한다. 따라서 판매세나 부가가치세를 낮추면 소비자가 인지하는 소비자 가격이 낮아져 매출을 높일 수 있다. 징수 여부와 조세율이 주별로 다른 상황에서, 아마존은 주 정부를 상대로 로비를 하면서 조세율을 낮추어 소비자들에게 최대한 낮은 가격으로 상품을 판매하기 위해 노력했다. 때로는 물류 센터와 창고의 입지를 선정하는 과정에서 각 주 간의 경쟁을 유도하면서 주 정부의 조세율을 낮추기도 했다. 각 주는 조세율을 낮추면서 아마존의 물류 센터와 창고를 유치해 일자리를 늘릴지, 조세율을 높여 세수를 확보할지를 놓고 고심해왔다.

결국 2013년 미 연방 하원은 주 내에 물리적으로 사업장을 두지 않고 원격으로 상품을 판매하는 업체에도 판매세를 부과할 수 있도록 하는 시장공정법을 발의하고 통과시켰지만 현재 상원에서 계류 중이다. 그런데 아마존은 오히려 시장공정법을 지지하는 추세다. 이제는 지역 업체들과의 경쟁이 의미가 없으며, 아마존과 같은 방식으로 사업을 하는 타 플랫폼 업체와의 경쟁이 더 중요하다고 인식하고 있기 때문이다.

한편 구글이나 넷플릭스와 같이 무형의 재화를 판매하는 플랫폼 업체의 영업에 대한 조세 정책은 각국 정부를 더욱 혼란스럽게 만들고 있다. 경제협력개발기구 재정위원회는 2003년 '소득과 자본에 대한 조세 협약'을 통해 정보통신기술 서비스를 제공하는 ICT 기업의 경우에는 서버를 두고 있는 국가를 과세 관할국으로 하는 국제적 합의를 도출했다. 즉 매출이 발생하는 국가가 아닌 수익이 확인되는 국가에서, 확인된 수익에 대해 과세하는 방식이다.

하지만 ICT 기업들은 매출이 발생하는 국가에 영업장이나 서버를 두지 않고도 네트워크를 통해서 디지털 형태의 서비스를 제공하는 것이 가능하므로 법인세율이 낮은 국가에 영업장이나 서버를 두고 사업을 하면서 낮은 세율을 적용받고 있다. 실제 다수의 글로벌 ICT 기업들은 각종 세제 혜택을 받을 수 있는 룩셈부르크나 아일랜드에 영업장을 두고 있다.

경제협력개발기구는 구글, 애플, 아마존 등 플랫폼 기반의 ICT

기업들이 '국가 간 소득 이전을 통한 세원 잠식 행위BEPS'를 기반으로 절세하는 규모가 연간 약 120조에서 290조 원에 이를 것으로 추정하고 있다. 구글은 2015년 총 매출의 80퍼센트가 해외에서 발생하였음에도 조세 회피 수단을 통해 해당 수익의 2.4퍼센트에 대해서만 세금을 부담했다. EU의 법인세율이 20퍼센트에서 30퍼센트임에도 구글의 세율은 그 매출세액의 0.19퍼센트에 지나지 않았다. 국내에서도 2020년 5조 원가량의 매출을 올린 네이버가 4,303억 원의 세금을 냈지만, 약 4조 원의 매출을 올린 것으로 추정되는 구글이 낸 세금은 97억 원에 불과했다. 국내 자회사(구글코리아)에서 창출되는 일부 소득에 대해서만 과세가 가능했기 때문이다.

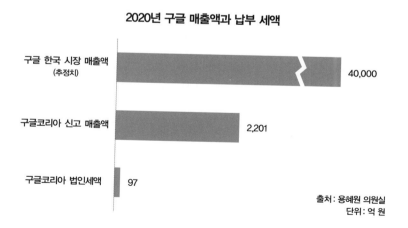

2020년 구글 매출액과 납부 세액

구글 한국 시장 매출액
(추정치) 40,000

구글코리아 신고 매출액 2,201

구글코리아 법인세액 97

출처 : 용혜원 의원실
단위 : 억 원

2018년 EU는 회원국의 ICT 기업들을 보호하고 전통적 기업과의 조세 형평성 문제를 해결하기 위해 디지털세 도입을 시도했다. 디지털세는 구글, 애플, 페이스북, 아마존이 주요 과세 대상이며, 총 150여 개 글로벌 ICT 기업에 적용할 수 있도록 설계되었다. EU 역내에서 온라인 사업으로 700만 유로 이상의 수익을 올리거나, 10만 명 이상의 사용자를 보유하거나, 3,000개 이상의 온라인 비즈니스 계약을 맺은 기업이 해당된다. 이 같은 조치는 중소기업에 조세 부담을 주지 않겠다는 EU 집행위원회의 의도가 반영됐으며 위의 조건에 해당하는 기업 대부분이 미국의 ICT 기업이다. 또한 EU는 디지털세에 '주요 디지털 사업장' 개념을 추가해 영업장 위치에 관계없이 해당 국가 내에서 발생하는 매출에 대해 해당 국가가 세금을 부과할 수 있도록 했다.

디지털세가 회원국 사이에서도 견해가 엇갈려 부결되자 프랑스를 비롯한 일부 회원국들은 디지털세 법안이 통과될 때까지 임시조치로 ICT 기업에 광고 매출의 3퍼센트를 부과하는 디지털 서비스세를 도입했다. 하지만 디지털 서비스세 부과는 EU에서 미국 ICT 기업이 제공하는 서비스의 가격을 상승시키는 결과를 초래했으며 디지털 서비스세를 부과한 국가와 미국 간의 통상마찰이 발생하기도 했다.

미국은 자국의 ICT 기업을 보호하기 위해 EU의 디지털세에 반대해왔다. 이익이 아닌 매출을 과세 대상으로 삼는 것은 전통적 법인세의 과세 기준을 위반하는 자의적 조세라고 주장하면서, EU가 역내 기업을 지원하기 위한 불공정한 전략적 의도를 가지고 있다고 비판했다. 또한 디지털세는 글로벌 ICT 기업들이 온라인 거래를 통해 얻는 수익에 대해 자국에 납부하는 것과 별개로 실제로 서비스가 제공되고 소비되는 국가에 추가로 납부하는 조세이기 때문에 이중과세의 문제를 안고 있다고 지적하면서, ICT 기업의 투자를 위축시켜 그 부작용으로 4차 산업혁명을 위한 혁신을 저해할 수 있다고 주장했다.

디지털세를 둘러싼 EU와 미국 간의 갈등은 2021년 경제협력개발기구의 중재로 136개국이 디지털세에 대한 합의를 이루어내면서 일단락되었다. 합의 결과 사업장이나 서버가 존재하는 국가뿐만 아니라 시장이 존재하는 국가에서도 초과이익에 대해 25퍼센트의 세율이 적용되는 디지털세의 과세가 가능해졌다. 또한 BEPS의 유인을 제거하기 위해 최저한세를 도입해서 글로벌 ICT 기업의 사업장 유치를 위한 일부 국가 간의 법인세 인하 경쟁을 저지했다.

합의안이 도출된 디지털세는 세부 기준의 마련과 각국의 입법 과정을 거쳐 2023년부터 시행될 예정이다. 합의 과정에서 과세 대상 기업을 온라인 플랫폼, 콘텐츠 스트리밍, 클라우드 컴퓨팅 등 무형의 서비스를 제공하는 ICT 기업뿐만 아니라 가전, 휴대전화, 의류, 화장품, 자동차 등 유형의 재화를 제공하는 기업까지 확대함으로써 삼성전자, 현대차, LG전자 등 국내 기업들도 타격을 받게 되었지만, 세부 기준을 마련하는 과정에서 원격 기반의 영업이 매출에 기여한 정도에 따라 차별적으로 세율이 매겨질 예정이다.

역외에서 발생하는 기업 매출의 대부분이 상품의 수출에 의해 발생하던 시기에 각국 정부는 관세라는 지렛대를 활용해서 해당 산업의 자국 기업을 보호하고 자국 시장에서 발생하는 수익에 대한 세금을 간접적으로 징수할 수 있었다. 하지만 무형의 서비스를 디지털 네트워크로 제공하는 플랫폼 기반의 ICT 기업이 등장하면서 각국은 역내에서 발생하는 글로벌 ICT 기업의 매출과 수익을 파악하는 것조차 불가능한 상황에 직면했고, 역내에서 발생하는 수익에 대한 세수를 확보하고 해당 산업의 자국 기업을 보호하는 데 어려움을 겪고 있다. 또한 대부분의 글로벌 ICT 기업이 세율이 낮은 국가에 사업장과 서버를 두고 사업을 하면서 해당 기업이 등록된 국가조차 해당 기업의 수익에 대한 과세가 쉽지 않아지자 세계 각국은 글로벌 기업에 대한 이중과세를 방지하기 위해 1920년대 국제연맹League of Nations 주도로 만들어진 국제 조세 체계를 개선하고자 하는 논의를 진행해왔다.

2021년 국제협력개발기구의 중재로 도출된 디지털세에 대한 각국의 합의는 이제 시작일 뿐이다. 디지털 플랫폼을 기반으로 거대한 완전체로 진화해가는 세계 시장에서, 기업들의 혁신 동기를 저해하지 않고 소비자들에게 보다 많은 효익을 제공하면서 지역 간의 균형적인 성장을 담아낼 수 있는 새로운 조세 제도의 틀을 마련해야 한다.

플랫폼 기반의 모듈식 정치 체제

정보통신기술의 발달로 물리적 제약이 극복되면서 플랫폼 사업은 국경을 넘어 시장을 빠르게 확장해가고 있으며, 그 과정에서 효율적인 공급을 위해 존재했던 산업 간의 영역은 사용자의 다양한 욕구를 충족시키기 위해 허물어지고 있다.

사용자의 입장에서는 공급자 관점의 영역 구분은 무의미하다. 사용자들은 플랫폼이란 접점을 통해서 그들의 욕구를 채울 수 있는 다양한 조합을 실험하고 만들어간다. 시장의 구조가 사용자 중심으로 재편되는 과정에서 각 영역에 존재하는 기존 사업자들과 기존 영역을 허물어가는 플랫폼 사업자들 간의 충돌이 이어지고 있으며, 시장의 질서를 유지하기 위해 존재했던 산업법, 노동법, 조세법 등 기존의 법 제도는 시장의 갈등을 해소하는 데 제 역할을 다하지 못하고 있다.

한국 모빌리티 수난사

2013년 세계 1위 승차 공유 플랫폼 우버는 차량을 보유한 일반인과 승객을 연결해주고 수수료를 받는 우버X 서비스로 한국 시장에 진출했다. 그러나 택시 업계가 생존권 위협을 주장하며 격렬하게 반대했고, 서울시는 우버가 영업용 차량이 아닌 일반 차량으로 승객을 무허가 운송한다는 이유로 수사 기관에 고발했다. 당시 신고 포상제까지 실시하며 적극적으로 우버 서비스 차단에 나서기도 했다. 결국 우버는 2015년 법원에서 불법 판결을 받고 해당 서비스를 중단했다.

이후 한동안 잠잠하던 논란은 2016년 창업한 국내 승차 공유 플랫폼 풀러스가 2017년 카풀 서비스를 24시간으로 확대하려는 시도를 하면서 다시 불거졌다. '여객자동차 운송사업법'에 출퇴근 시간대에는 유상으로 자동차 임대가 가능하다는 조항을 이용한 것이었다. 이들은 유연근무제 등 변화한 업무 환경에 맞춰 카풀 서비스도 보다 탄력적으로 운영돼야 한다고 주장했다. 택시 업계는 또다시 이를 불법으로 규정했고 서울시는 풀러스를 경찰에 고발했다. 결국 불법 논란에 경영난까지 겪게 된 풀러스는 직원의 70퍼센트를 구조 조정하고, 사업을 포기한다. 유사한 형태의 모빌리티 서비스들도 출시될 때마다 줄줄이 좌초되거나 폐업 위기에 직면했다. 갈등의 조정 과정에서 사용자들의 편익에 대한 고려는 찾아볼 수 없었다.

2018년 카카오 모빌리티가 차량 공유 스타트업 럭시를 인수하고 운전자를 모집하면서 본격적으로 카풀 서비스에 시동을 걸자, 택시 단체들이 운행을 중단하고 대규모 생존권 사수 결의 대회를 진행했다. 그 과정에서 택시 기사들의 분신도 이어졌다. 결국 카카오 모빌리티는 서비스 출시를 연기한다. 정부와 택시 업계, 카카오로 구성된 타협 기구가 극적 합의를 이뤄내면서 승차 공유 서비스 갈등은 일단락됐다.

그러자 논란은 렌터카 기반의 타다 서비스로 옮아갔다. 현행 여객 자동차 운수사업법에 따르면 차량을 빌려주면서 운전자까지 알선해 파견하는 것은 불법이지만, 11~15인승 승합차를 단체 관광을 위해 임차하는 경우 운전자 알선은 예외적으로 허용한다. 타다는 이 예외 조항을 들어 11인승 승합차를 활용해 운송 서비스를 제공했으며 택시업계는 타다가 사실상 불법 영업을 하고 있다며 서비스 중단을 요구했다. 결국 택시 기사가 스스로 목숨을 끊는 사고가 발생했고 타다는 검찰에 고발되었으며, 정치권에서는 이른바 '타다 금지법'이 발의됐다.

모빌리티 사업자는 보다 만족스러운 운송 서비스를 제공하기 위해 기존 법 제도의 허점을 파고들면서 끊임없이 새로운 시도를 하고 있다. 하지만 기존 산업을 보호하기 위한 법 제도의 벽에 부딪혀 혁신에 대한 동기를 잃어가는 중이다. 그사이 유니콘 기업(기업의 가치가 10억 달러 이상 되는 스타트업)에 우버, 중국의 디디추싱, 동남아시아의 그랩 등 3개의 승차 공유 업체가 이름을 올렸다.

정부는 시장의 혁신 동기를 꺾어서는 안된다. 저물어가는 기존 시장의 사업자를 보호하기보다는 기술적, 재정적 지원을 통해서 그들이 새로운 시장으로 진입할 수 있도록 출구 전략을 만들어주고, 모빌리티 업계와 택시 업계의 갈등을 조정하는 과정에서 늘 배제되었던 사용자의 편익에 주목해야 한다. 결국 시장은 새로운 기술을 기반으로 사용자의 채워지지 않는 욕구를 채워나가면서 진화하기 때문이다. 사용자의 편익을 갈등 조정의 지렛대로 삼아 기존 시장의 사업자들이 새로운 시장으로 편입될 수 있도록 유도하고 그 과정에서 발생하는 비용을 사용자와 나누어야 한다.

우버를 비롯한 승차 공유 서비스가 호주에서 빠르게 시장을 만들어갈 수 있었던 이유는 정부와 모빌리티 사업자 그리고 승객들이 기금을 조성해 택시 업계의 피해를 보상하고 기술적 지원을 통해 택시 사업자들이 모빌리티 시장으로 진입할 수 있도록 돕고 있기 때문이다. 예를 들어 모빌리티 서비스 승객은 운행 요금에 더해 1.1호주달러를 추가로 낸다.

대부분 정부는 패러다임의 변화를 이해하고 새로운 틀을 만들어 시장의 문제를 구조적으로 해결하기보다는, 기존의 틀 속에서 시장의 변화를 해석하고 유권자들의 표를 의식해 그때그때 이해 집단들의 요구를 수용하는 방향으로 법을 적용하고 있다. 이 과정에서 시장의 혼란은 가중된다. 정부가 근시안적인 시각을 유지한다면 변화의 과정에 내재된 위험이 폭발할 가능성이 높아진다.

패러다임 변화로 인한 갈등 :
미국의 남북전쟁과 일본의 보신전쟁

산업화 시기에는 농경사회를 지키려는 세력과 산업사회로의 진입을 앞당기려는 세력 간의 갈등이 전쟁으로 이어지기도 했다.

미국의 남북전쟁은 표면적으로는 노예 문제를 둘러싼 도덕적인 논쟁에서 비롯된 것 같지만, 실제로는 신대륙에 먼저 이주해 남동부 지역에서 태평양 연안의 서부 지역까지 농경사회를 확장하고자 했던 부농 세력과 대서양 연안 북동부 지역의 공업 단지를 중심으로 산업화를 추진하고자 했던 기업가 세력 간의 이해관계가 충돌하면서 일어났다.

북동부 지역의 공업 단지에서 생산된 공산품이 미국 전역으로 공급되면서 기업인들은 막대한 부를 축적했지만 유럽에서 수입되는 공산품에 비해서는 경쟁 우위를 가지지 못했다. 자연스레 그들은 관세를 높여 유럽에서 수입되는 값싸고 품질이 우수한 제품으로부터 공업 단지를 보호하고자 했다. 하지만 자유무역을 통해 영국에 목화를 수출하면서 부를 축적하던 남부 지역의 부농들은 관세를 높이는 것에 반대했다. 미국이 유럽에서 수입되는 공산품에 대한 관세를 높일 경우, 유럽도 미국에서 수입되는 목화에 대한 관세를 높일 것이라고 생각했기 때문이다.

관세 정책에 대한 부농 세력과 기업인 세력 간의 갈등은 남북전쟁의 도화선이 됐다. 이때 산업화 세력은 목화 농장의 노예를 해방시켜 공장에서 필요한 값싼 노동력을 얻고자 했다. 61만여 명의 사상자를 내면서 4년간 진행된 남북전쟁에서 북군이 승리하고 신대륙은 19세기 중엽부터 본격적으로 산업사회에 접어든다.

산업화 시기에 발생한 갈등은 미국의 사례와 같이 경제적 이해관계를 달리하는 세력 사이에서 비롯되기도 했지만, 일본의 사례와 같이 정치적 이해관계를 달리하는 세력 사이에서 비롯되기도 했다.

일본 열도에서 12세기 후반부터 시작된 무사 정권은 가마쿠라 시대, 무로마치 시대, 에도 시대를 거치면서 19세기 말까지 이어진다. 무사 정권의 지배 집단, 바쿠후를 기반으로 일본을 지배하던 쇼군은 지방의 번주藩主인 다이묘와 주종관계를 맺고 강력한 봉건제도의 틀 속에서 사농공상의 신분제도로 안정된 농경사회를 유지한다. 하지만 19세기 말 에도 바쿠후가 미국의 개항 압력에 굴복하여 칙허 없이 미국과 화친조약을 맺고 개국하자, 쇄국정책을 지지하던 각 지방 번의 젊은 무사들은 반바쿠후 세력을 형성하고 보신戊辰전쟁을 일으킨다.

전쟁에서 승리한 반바쿠후 세력은 바쿠후를 지탱하던 봉건제도를 무너뜨리고 천황을 중심으로 중앙집권적 통일국가를 건설한다. 그리고 입장을 바꿔 바쿠후 세력을 지탱하던 사농공상의 신분제도와 봉건제도를 무너뜨리고자 산업사회로의 진입을 선택한다. 반바쿠후 세력이 산업화를 위해 개화정책을 취하고 유럽 열강들과 조약을 맺으며 산업사회의 제도와 기술을 받아들이면서 일본 열도에서는 본격적인 산업화가 시작되었다.

지역을 중심으로 시장이 형성되었던 산업사회 초기에는 정치적, 경제적 이해관계를 달리하는 세력들 간의 충돌이 지역별로 존재했다. 이어서 산업사회가 성숙기에 접어들자 시장은 매출과 이익을 늘리기 위한 공급자의 관점과 늘어난 생산량을 통해 세수를 늘리기 위한 정부의 관점에서 최적화되었다. 하지만 세계 경제가 거대한 네트워크로 묶이면서 국경을 넘어 시장을 확대해가는 기업과 정부의 이해관계가 틀어지기 시작한다.

대부분 기업이 내수를 중심으로 매출을 만들었던 시기에는 기업의 매출 증가가 정부의 세수 확대로 이어지는 공식이 유효했다. 하지만 기업의 사업장과 생산 시설이 세계 각지로 흩어지면서 기업의 매출 증가가 정부의 세수 확대로 이어지지 않고 있다. 더 나아가 기업들은 법인세와 부가가치세를 줄이기 위해 세율이 낮은 지역에 자회사를 설립하고 조세를 회피하는 모습도 보이고 있다. 거대한 플랫폼 기업이 세계 시장을 잠식해가는 상황에서 각국 정부는 각 정부의 이해관계에 따라 합종연횡을 반복하면서 기업을 견제하고 있다.

세계 시장뿐만 아니라 각 지역 시장에서도 빅데이터, 인공지능 등의 신기술로 부와 권력이 재편되는 과정에서 시장의 다양한 욕구가 여러 가지 갈등을 야기하고 있다. 하지만 정부는 시장의 요구를 통합하고 우선순위를 부여할 수 있는 능력을 상실한 상태다. 대부분 국가는 경제, 교육, 환경, 보건 등 모든 영역에서 정책의 진공 상태를 경험하는 중이며, 문제를 해결하기 위한 정책적 노력은 또 다른 문제를 불러일으키면서 혼란만 가중시킨다.

이러한 혼란 속에서 정치 지도자를 바꾸면 문제를 해결할 수 있으리라는 '구세주 콤플렉스'가 등장하기도 한다. 하지만 우리가 직면한 혼란과 갈등은 대부분 정치 지도자가 아닌 시대에 뒤처진 정치 제도에서 비롯되고 있음을 직시해야 한다. 새로운 제도의 틀을 제시하지 못한 채로 위기가 지속된다면 고전적 마르크스주의자, 우익 극단주의자, 낭만주의적 무정부주의자 등 시대에 뒤떨어진 편향적인 시각을 가지고 유토피아를 꿈꾸는 혁명가들이 역사의 흐름을 거스르는 해법을 제시할지도 모른다.

대부분 국가는 다양성을 담아낼 수 있는 새로운 틀을 만들어내기보다는 기존의 틀 속에서 강력한 리더십을 기반으로 문제를 해결하려는 경향을 보이고 있다. 개인의 자유를 제한해서라도 사회의 불확실성을 줄이고 과거의 성장을 이어가야 한다는 히틀러나 스탈린 신봉자들의 정치적 목소리가 힘을 얻기도 한다. 하지만 전체주의 기반의 거대하고 능률적인 정부에 대한 기대는 전체주의 사회의 권력 투쟁, 부패, 책임 회피에 대한 실망감으로 바뀔 것이다.

산업화 이후 대부분 국가가 지향했던 다수결에 의한 민주주의가 사회의 다양성이 증폭되고 사회를 주도하는 여론이 사라지면서 한계를 노출하고 있다. 이념적 가치관, 사고방식, 이해관계 등이 미묘하게 얽혀 사회 구성원 대부분이 소수파에 속하는 경험을 하는 상황에서 기존 체제는 끝없는 도전을 받을 것이다.

이때 다양성으로 야기되는 사회적 갈등과 비용을 최소화하고 다양성을 기반으로 건설적인 합의를 도출하려면, 하나의 사안에 대해 찬반 투표를 진행하기보다 여러 개의 사안을 두고 무엇을 지키기 위해 무엇을 포기할 수 있는지를 선택하도록 하는 것이 보다 타당한 접근일 수 있다. 예를 들어 원자력 발전을 지키기 위해 소득세 인상에 동의할 수 있는지를 물어보는 것이다.

또한 소수 주주의 권리를 보호하기 위해 미국, 영국, 일본의 일부 기업들이 도입하여 운용하고 있는 누적투표 제도를 활용할 수도 있다. 각 유권자에게 후보자의 수와 같은 수의 표를 행사하도록 하고, 표를 몰아주거나 나누어줄 수 있게 하면 유권자들은 선택의 절박함이나 우선권을 표현할 수 있다. 기존의 투표에 비해 절차가 복잡해서 비용이 증가하고 부정 투표에 대한 시비가 일 수도 있다는 문제도 있지만, 진화하는 정보통신기술을 활용하여 부작용을 최소화하고 비용을 억제하면 다양한 정치적 욕구를 충족하는 대안이 될 것이다.

하지만 이런 시도들도 여전히 대의민주주의 제도의 한계를 극복하기에는 역부족일지 모른다. 이제 국가는 사안별로 이해관계를 달리하는 수많은 집단의 합일 뿐이기 때문이다. 보수, 진보 등 정치적 관점에 따라 다수의 여론이 쉽게 형성되던 시대와는 달리 사안별로 다양한 정치적 수요가 발생하는 지금은 지속적으로 자신의 이해관계를 대변해줄 수 있는 정당을 선택하기란 불가능하다. 기존의 정당 구조에 새로운 접근법이 필요한 시점이다.

다양한 이해관계를 대변하는 소수 이익 집단의 이합집산이 용이한 레고 형태의 조립식 정당, 즉 플랫폼 기반의 모듈식 정당 제도를 통해서 다양한 정치적 욕구를 수용할 수 있을 것이다.

사형선고와 같은 중대한 사안도 추첨에 의해 구성된 배심원의 판단에 의존할 수 있다면, 조립식 정당이 발의한 부동산 관련 정책의 입법도 추첨에 의해 구성된 입법 기관에 의해 가능하지 않을까? 더 나아가 블록체인 기술을 바탕으로 유권자가 직접 참여해 입법 기관을 구성하는 직접 민주주의 제도도 고려해볼 만하다.

컴퓨터도 인터넷도 없던 시절에 만들어져 수백 년간 산업사회를 지탱해왔던 현재의 정치체제는 수명을 다하고 있다. 우리는 빅데이터와 인공지능과 같은 첨단 기술이 견인하는 플랫폼 시대를 담아낼 수 있는 새로운 틀을 찾아내야 한다.

1791년 미국 의회는 국민의 기본 인권을 보장하기 위해 미합중국 헌법에 권리장전을 덧붙인 헌법 수정안을 통과시켰다. 위대한 업적으로 평가받는 권리장전을 설계한 토머스 제퍼슨은 다음과 같이 말했다.

"십계명을 새긴 석판을 대하는 신성한 경외심으로 국민 대부분이 헌법을 보았기 때문에 헌법은 수정해서는 안 되는 대상으로 여겨졌다. 헌법을 제정한 이들은 시대를 뛰어넘는 현자로 여겨졌으며 사람들은 그들이 설계한 헌법은 수정될 여지가 없다고 믿었다. 물론 헌법이나 법률이 충분한 심의와 국민적 합의 없이 수정되는 것을 원하지는 않지만, 헌법이나 법률은 새로운 시대의 정신을 담아내야 한다."

PLATFORNOVATION

- 플랫폼을 기반으로 사회가 파편화되면서 구성원이 경험하는 관계의 수가 기하급수적으로 증가했다. 피로감을 느낀 구성원들이 비대면 소통을 선호하면서 비대면 경제 활동이 증가하는 추세다.

- 생산 기술과 설비가 대중화되어 스스로 생산·소비할 수 있는 재화의 영역이 확장되고, 일과 삶의 균형을 중요시하게 될수록 프리랜서 형태의 고용을 원하는 근로자가 늘어날 것이다.

- 배달, 운전 등의 서비스를 제공하는 단순 노동직뿐 아니라, 의료 법률 서비스를 제공하는 복잡 노동직도 플랫폼을 기반으로 파편화된 노동력을 제공하면서 프리랜서로 살아갈 것이다. 이런 플랫폼 노동자들의 권익을 보호하기 위한 새로운 노동법 마련이 시급하다.

- 디지털 플랫폼 기업들이 글로벌 시장을 확대하면서 'BEPS(국가 간 소득 이전을 통한 세원 잠식 행위)' 문제가 불거졌다. 조세의 공정성을 확보하기 위한 디지털세에 대한 국제적 합의가 이루어졌지만, 새로운 조세 제도에 대한 고민이 여전히 필요하다.

- 사회를 주도하는 여론이 사라지고 다양성이 증폭하면서 다수결에 의한 민주주의가 한계에 직면했다. 이합집산이 용이한 플랫폼 기반의 조립식 정당제도 도입을 통해 사회의 다양성을 수용할 대안을 모색할 수 있다.

4

무엇이 플랫포노베이션을
가능하게 하는가

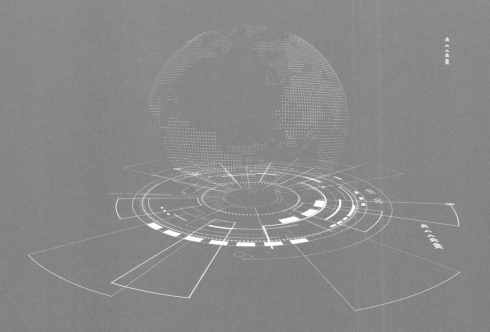

- 초불확실성 시대를 예측할 수 있다?
- 아마존 영업이익의 74퍼센트를 차지한 상품은?
- 우버의 기업 가치는 왜 그렇게 높게 평가되었을까?
- 양자컴퓨터가 우리의 사고방식까지 바꾼다?

2020년, 118년 역사의 중저가 백화점 JC페니JCPenney와 113년 역사의 고급 백화점 니만마커스Neiman Marcus가 파산 보호 신청을 했다. 코로나19의 확산으로 유동 인구가 줄어들고 경기가 위축되었기 때문이다. 하지만 같은 해 아마존은 매출이 전년 대비 38퍼센트 성장했으며, 사상 최고의 영업이익과 영업이익률을 기록했다. 오프라인 매장을 중심으로 영업을 하는 유통업체는 파산 위기로 내몰렸지만, 전자상거래 업체들은 호황을 맞고 있다.

　한편 같은 시기 여행객이 감소하면서 공항을 중심으로 영업하던 미국 2위 렌터카 업체 허츠Hertz도 파산보호 신청을 했지만, 아이러니하게도 팬데믹이 지속되면서 기사회생한다. 바이러스 감염에 대한 두려움으로 대중교통이나 우버 같은 승차 공유 서비스 대신 자가운전의 수요가 증가했는데, 불황이 이어지면서 새 차보다 부담이 적은 중고차를 구매하거나 장기 렌터카를 선호하는 현상이 나타난 것이다. 코로나19의 확산과 함께 이전에는 누구도 예측하지 못했던 상황이 펼쳐지면서 시장의 지형이 바뀌어가고 있다. 이제는 예측이 쉽지 않은, 아니 예측이 무의미한 시대를 살아가고 있는지도 모른다.

정보통신기술의 발달로 전 세계가 거대한 네트워크로 묶이면서 증가하던 불확실성은 팬데믹 이후 폭증하고 있다. 미래를 예측하고 그 결과를 기반으로 계획을 세워 실천하면서 기업을 경영하고 삶을 살아가기 어려운 상황이다. 예측이 불가능한 경우, 유일한 대안은 지속적인 실험을 통해서 필요한 조합을 그때그때 찾아내는 것이다. 하지만 실험은 대부분 더 큰 비용을 발생시킨다. 결국 다가오는 불확실성 시대의 가장 큰 화두는 실패 비용을 최소화하면서 다양한 실험이 가능한 환경을 만들어가는 것이다.

플랫폼은 그 해답을 찾을 수 있는 유일한 공간이다. 모든 것을 모듈로 쪼개어 올려놓고, 모듈 간 조합을 통해 다양한 경우의 수를 실험하면서 필요한 것을 만들어가는 공간이기 때문이다. 빅데이터 분석과 인공지능 알고리즘은 개인화된 맞춤식 추천을 통해서 실험 비용을 최소화하면서 상황에 최적화된 조합을 쉽고 빠르게 찾아갈 수 있도록 해줄 것이다. 불확실성이 높은 시장에서 다양한 선택의 기회를 얻고자 하는 사용자도, 고객의 다양한 욕구를 충족시킬 수 있는 맞춤식 상품을 제공하고자 하는 공급자도 플랫폼이란 공간에서 비용을 최소화하면서 끊임없는 실험을 통해 그들이 필요한 것을 찾고 만들어갈 것이다.

그 과정에서 사용자와 공급자 모두 플랫폼을 기반으로 그들의 문제를 해결하면서 윈윈 하는 시장을 만들어가야 한다. 하지만 현재 경험하고 있는 플랫폼과 얽힌 다양한 갈등을 해소하고 플랫폼을 상생의 장으로 만들기 위해서는 보상 기제를 비롯한 사회의 제도적 틀을 개선하는 것이 먼저다.

정치, 경제, 사회, 문화 등 모든 영역은 플랫폼 기반의 혁신을 통해 불확실성에 기인한 다양한 문제들을 풀어나갈 것이다. 사회를 주도하는 여론과 시장을 견인하는 대중 소비가 사라지는 상황에서, 사회도 기업도 구성원들의 다양한 욕구를 담아내고 충족시키기 위한 대안을 플랫폼에서 찾아간다. 시장의 급속한 변화에 대응하기 위해 대부분 조직은 플랫폼을 기반으로 필요한 자원을 외부에서 공급받기도 하고, 내부 자원을 생산적으로 운용하면서 불확실성에 기인하는 위험을 관리할 것이다. 그 과정에서 상품 시장에서 거래되는 상품도 노동시장에서 거래되는 노동력도 모듈 단위로 파편화되어 상황에 따라 시장이 원하는 다양한 조합을 만들어 낼 것이다.

자본주의의 폐해를 최소화하면서 자유 시장주의의 가치를 지켜내기 위한 플랫폼 기반의 혁신 활동, '플랫포노베이션'이 소통 방식, 협업 방식, 자원 관리 방식, 생산과 소비 방식 등 일과 삶의 방식을 바꾸어나가면서 시장과 사회를 구동하는 새로운 틀을 만들어가는 도구가 될 것이다.

4장에서는 플랫포노베이션을 통해 완전체로 진화해가는 시장에서 기업의 비즈니스모델과 수익 구조가 어떻게 변화하고 있는지 살펴보고, 플랫폼이 견인하는 새로운 시대에 적합한 비즈니스모델을 구현하기 위한 도구로서 디지털 트랜스포메이션을 정의한다. 또한 복잡계 이론, 양자컴퓨팅, 블록체인 등의 기술을 활용하여 플랫포노베이션의 효과를 극대화할 수 있는 접근법을 살펴보고자 한다.

상생을 구현하는 융복합 시장

공급자가 시장의 주인공이었던 시대에는 공급자가 만들어놓은 제품을 기반으로 대중 소비가 이루어졌지만, 과잉 공급 현상이 나타나면서 시장의 주인공이 공급자에서 소비자로 바뀌었고 대중 소비를 거부하는 개성 강한 소비자들이 시장에 등장한다. 그리고 시장과 사회는 사용자의 다양한 욕구를 충족시키기 위해서 영역 간의 벽을 허물어가고 있다.

제조업과 서비스업, 온라인과 오프라인 간의 벽뿐만 아니라 많은 업종 간의 벽이 허물어지고 있다. 조만간 현실세계와 가상세계의 벽도 허물어질 것이다. 융복합은 사용자의 욕구와 다양한 영역이 만나는 접점에서 이루어진다. 태국의 의료관광 서비스가 그 사례다. 선진국의 고령 인구는 비용과 품질 측면에서 자국의 의료 서비스에 대한 불만족 수준이 높고 기후가 온난한 지역에서 장기

휴가를 보내고자 하는 욕구가 크다. 태국은 의료수가가 낮으면서도 고품질의 서비스를 제공하는 의료 서비스 산업과 풍부한 관광 자원을 결합하여 의료관광 서비스업을 발전시켰다.

때로는 공급자가 욕구의 접점을 디자인하는 경우도 있다. 사용자들이 자신의 욕구를 인지하지 못하거나 표현하지 못하기도 하기 때문이다. 이때 공급자는 신기술을 기반으로 다양한 영역을 결합하여 새로운 경험을 제공하면서 사용자의 생활 습관을 바꾼다. 애플은 카메라, 컴퓨터, TV, 음향 재생기 등 다양한 기기의 기능을 전화기에 담아내면서 사용자의 생활 습관을 변화시켰다.

융복합을 위해 사용자의 욕구와 다양한 영역 간의 접점을 찾아가는 과정이나 욕구의 접점을 디자인하는 과정에서 영역 간의 소통은 필수적이다. 중세 이탈리아의 메디치 가문은 음악, 미술, 철학, 수학, 천문학 등 다방면의 예술가와 학자를 모아 공동 작업을 후원했다. 다양한 영역 간의 소통과 협업은 창조 역량을 키워냈고 결국 르네상스 시대를 열었다. 《메디치 효과》를 저술한 프란스 요한슨은 흰개미 집을 연구해 에어컨을 설치하지 않고도 냉방이 가능한 건물을 지은 건축가 믹 피어스Mick Pearce 등을 예로 들며 다양한 시각과 역량이 합쳐져 시너지 효과를 만들어내는 융복합의 중요성을 강조했다.

플랫폼은 영역 간의 벽을 허물고 이종 간의 융복합을 가속화할 것이다. 플랫폼에서는 참여자들이 교환하고자 하는 가치를 중심으로 상호작용이 일어나기 때문이다. 플랫폼은 사용자의 다양한 욕구를 채우기 위해 존재한다. 공급자가 제공하는 상품은 모듈 단위로 쪼개져 사용자의 관점에서 조합되기 때문에 효율적인 공급을 위해 생겨났던 영역 간의 구분은 이제 의미가 없다. 이제 시장은 플랫폼을 기반으로 통합되어갈 것이다.

샤오미는 스마트폰과 각종 가전에서 생필품에 이르기까지 1,600여 종의 다양한 제품을 생산하지만, 자체 공장을 통해서 생산하는 제품은 2020년을 기준으로 25퍼센트에 지나지 않는다. 나머지 75퍼센트는 연구개발, 디자인, 마케팅, 구매, 생산, 유통에 이르기까지 다양한 분야에서 다양한 기능을 담당하는 400여 개의 기업이 참여하는 생태계를 구축하고 소비자가 원하는 제품을 싸고 빠르게 만들어내면서 시장을 확대하고 있다. 샤오미가 구축한 플랫폼에서는 미유아이MIUI라는 자체 개발한 소프트웨어 운영체제를 기반으로 참여 업체들의 역량을 묶어내고 그들이 생산하는 다양한 부품과 소재를 조합하면서 신제품을 출시한다.

그런데 새로운 시장을 만들어내는 과정에서 꼭 기억해야 할 것이 있다. 융복합을 위해서는 이질적인 영역 간의 소통을 위한 규약, 즉 프로토콜이 만들어져야 한다. 1979년 도쿄에서 세계 최고의 복싱 선수 무하마드 알리와 세계 최고의 레슬링 선수 안토니오 이노키 간에 세기의 대결이 벌어졌다. 하지만 기대와는 달리 3라운드의 경기는 싱겁게 끝나버렸다. 경기 전날까지 규칙 합의가 이루어지지 못해 복싱 선수는 복싱 규칙으로, 레슬링 선수는 레슬링 규칙으로 경기를 치렀기 때문이다. 경기 시작과 동시에 이노키는 바닥에 드러누워 발로 공격을 시도하고, 알리는 이노키의 발 공격을 피하면서 선 채로 누워 있는 이노키에게 주먹을 날렸다. 하지만 서로 유효 가격은 한 번도 주고받지 못했다. 두 선수는 엄청난 대전료를 받고 링에 올랐지만 경기 내용은 실망스럽기 그지없었다. 그렇게 수년이 흐르고서야 이종격투기 시장이 열린다. 관객들의 흥미를 돋우기 위해 다양한 종목의 격투기 선수들이 하나의 규칙으로 경기를 치르는 융복합 시장이 만들어진 것이다.

이종 간의 소통을 위한 규약이 마련되고 융복합이 전개되면, 성공적인 융복합을 위해 기존 영역과의 상생을 고려해야 한다. 스크린 골프는 필드 골프와 컴퓨터 게임의 융복합으로 만들어진 또 다른 융복합 사례다. 스크린 골프가 시장에 소개되기 이전 한국 골프 인구는 감소세에 있었다. 골프 시장에 유입되는 젊은 인구가 많지 않았기 때문이다. 골프가 아니라도 즐길 것이 많은데 굳이 시간도 오래 걸리고 돈도 많이 드는 골프를 칠 이유가 없었다. 하지만 스크린 골프가 소개되자 젊은이들은 일과 후에 친구나 동료들과 어울려 돈도 많이 들지 않고 시간도 오래 걸리지 않는 스크린 골프를 즐기기 시작한다. 필드 골프 시장은 고객을 빼앗길까 긴장했지만, 2년이 지나자 한국 골프 인구가 증가하기 시작한다. 스크린 골프를 접한 젊은 인구가 필드 골프 시장으로 유입된 것이다. 이종격투기 시장이 열리면서 복싱과 레슬링 시장은 위축되었지만, 스크린 골프 시장은 필드 골프 시장과 비디오게임 시장에 또 다른 성장의 기회를 만들어냈다.

중요한 것은 상생이다. 새롭게 만들어지는 시장을 통해 기존 사업자들을 흡수해서 함께 성장할 방안을 모색하고 대안을 제시해야 한다. 배고픈 건 참아도 배 아픈 건 못 참는 우리다. 이종 간의 융복합으로 만들어진 시장이 누군가의 밥그릇을 뺏게 된다면 그 시장은 견제와 그 견제로 만들어진 규제의 벽을 넘지 못할 것이다.

사용자의 욕구를 읽어내고 융복합을 기반으로 사용자에게 효익을 줄 수 있는 새로운 시장을 열어가는 노력만큼이나 중요한 것은 기존 시장의 공급자들에게 출구 전략을 만들어주는 일이다. 새로운 시장이 그들에게 또 다른 기회가 될 수 있다는 믿음을 주고 새로운 시장에서 또 다른 가치를 만들어가는 데 기여할 수 있는 길을 열어주어야 한다. 조직 내의 혁신 활동도 다르지 않다. 혁신의 성과가 빠르게 뿌리내리도록 하기 위해서는 혁신의 과정에서 조직 내 누군가가 입을 수 있는 피해를 최소화하고 새로운 틀 속에서 함께 성장할 수 있는 대안을 찾아야 한다.

700년의 상생,
프라토 섬유 산지

피렌체 북서부에 위치한 도시, 프라토는 14세기부터 700년 동안 이탈리아 반도의 최대 섬유 생산지로 자리매김해왔다. 프라토 섬유 단지는 코로나19 팬데믹 이전까지 7,200여 개의 중소기업으로 구성된 네트워크를 기반으로 직물을 생산하며 연간 50억 유로(약 6조 4,733억 원)에 달하는 매출을 올렸다.

지역의 중소업체들로 구성된 이 목적 지향적이고 역동적인 네트워크는 임파나토레impannatore라고 불리는 중개 상인들에 의해 운영되어왔다. 고객으로부터 주문을 받은 임파나토레는 네트워크에 참여하는 중소 업체들을 기반으로 주문을 소화할 수 있는 최적의 조합을 만들어낸다. 참여 업체들의 기술력과 임파나토레의 네트워크 조정 역량이 조화를 이루면서, 프라토 섬유 산지는 고객 주문별 맞춤식 생산을 하면서도 규모와 범위의 경제 효과를 실현한다.

프라토 섬유 산지는 지역의 소규모 직물 생산 업체들이 공급자로 참여하고 세계 각지의 직물 구매자들이 사용자로 참여하는 거대한 양면 플랫폼이다. 중개 상인들이 수평적인 소통을 기반으로 플랫폼을 공동으로 운영하면서 플랫폼 참여자와 운영자 간의 상생을 실현했기 때문에 프라토의 성공은 지속될 수 있었다.

제품수명주기관리 기반의 비즈니스모델

아마존의 핵심 사업이 된 아마존웹서비스AWS는 회사가 성장하는 과정에서 일어나는 문제를 해결하면서 시작되었다. 아마존은 시스템을 확장하는 단계에서 기존의 시스템과 새로운 시스템을 통합하는 데 어려움을 겪고 있었다. 유사한 통합 업무가 반복됨에도 매번 그 과정을 처음부터 다시 시작해야 했기 때문에 많은 시간과 비용이 낭비되었다. 결국 아마존은 시스템 간 인터페이스 표준을 정의하고 조직 내 모든 데이터베이스와 응용 프로그램에 같은 방식으로 접근할 수 있게 했다. 또한 시스템을 모듈화하고 표준 인터페이스를 통해 원하는 모듈을 조합하여 사용할 수 있는 환경을 구축했으며 인터넷을 통해 언제 어디서나 원하는 디지털 자원에 접근하도록 함으로써 시스템의 구축, 운영 및 확장 비용을 획기적으로 절감했다.

아마존은 이 과정에서 새로운 자원을 확보한다. 원하는 대로 조합이 가능한 모듈 형태의 디지털 자원이다. 이 자원을 기반으로 아마존은 2006년에 자신들과 유사한 문제에 직면하는 기업을 위한 아마존웹서비스를 시장에 출시한다. 디지털 자원을 확보하는 데 필요한 하드웨어와 소프트웨어 구입 과정에서 발생하는 비용이 부담되는 기업, 디지털 자원을 운용하고 시스템을 확장하는 과정에서 필요한 역량이 부족한 기업들이 폭발적인 수요를 만들어내면서 서비스를 출시한 지 10년이 지난 2016년 아마존웹서비스는 아마존 매출액의 9퍼센트, 영업이익의 절반 이상을 차지했다. 아마존 역사상 가장 빠른 성장세를 보인 사업이면서, 가장 수익성 좋은 사업이다. 같은 기간 아마존의 주가는 2,000퍼센트 이상 상승했다. 2021년 아마존웹서비스는 전체 매출의 13퍼센트, 영업이익의 74퍼센트를 차지하며 한 단계 더 성장했다.

아마존은 자사의 시스템과 프로세스를 모듈화하고 필요에 따라 모듈들을 조합하여 최적화된 가치사슬을 만들어냄으로써 낮은 비용으로 시장의 요구에 빠르게 대응할 방법을 찾아냈다. 그리고

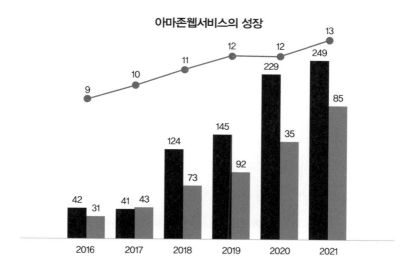

아마존웹서비스의 성장

■ 아마존 전체 영업이익(억 달러)
■ 아마존웹서비스 영업이익(억 달러)
● 전체 매출 대비 아마존웹서비스 매출(%)

출처 : 아마존
소수점 이하 반올림한 수치

그 과정에서 확보한 역량을 서비스로 개발하여 수익성 높은 비즈니스모델을 만들어냈다.

무엇보다 아마존웹서비스는 급변하는 환경에 기인하는 새로운 소비 행태와 투자 방식에 힘입어 시장에서 성공할 수 있었다. 앞으로 사용자는 제품을 구매해서 소유하며 사용하기보다는 그때그때 필요한 서비스를 제공하는 공급자에게 접속하여 필요한 만큼의 서비스를 사용하고 그만큼의 비용을 지급하고자 할 것이다. 공급자도 위험 관리를 위해 고정 자산을 확보하기보다는 그때그때 필요한 자원을 외부에서 필요한 만큼 공급받고 그만큼의 비용을 지급하고자 할 것이다. 이러한 현상과 함께 판매량과 소비량이 줄면서 생산과 소비에 기반을 둔 시장의 성장은 한계를 드러내고, 시장은 제품의 잔존 가치와 유휴 자원의 활용도를 높여 시장의 효율성을 극대화하면서 성장을 추구할 것이다.

제조업체들도 생산한 제품을 판매해서 수익을 만들기보다는 제품을 시장에 내놓고 고객과의 관계를 만든 후에 고객에게 가치를 제공할 수 있는 다양한 서비스를 제공하면서 수익을 만들어내야 한다. 완제품 중심의 소비재 시장뿐만 아니라 부품이나 설비 중심의 중간재 시장도 예외는 아니다. 제조업과 서비스업의 구분은 갈수록 더욱 모호해질 것이다.

제조업과 서비스업이 결합된 형태의 사업은 제록스가 시장에 처음 소개했다. 1959년 제록스는 세계 최초로 건조공법의 복사기를 출시한다. 복사기를 필요로 하는 기업은 많았지만 문제는 대당 4만 달러, 현재 가치로 약 2억 원에 이르는 가격이었다. 이에 제록스는 시장을 만들기 위한 대안을 찾아낸다. 비싼 복사기를 판매하는 대신 월 74달러라는 싼 가격에 대여한 것이다. 물론 유지보수 서비스도 함께 제공했다. 제품을 임대하고 제품의 수명주기를 관리하면서 수익을 만들어내는 방식이었다. 제록스는 제품에 서비스를 결합해서 사용자에게 제공함으로써 제품을 구입하고 관리하기 위해 사용자가 지급해야 하는 비용과 제품을 소유하는 동안 발생하는 감가상각비에 대한 부담을 낮추어주면서 제품에 대한 소비자의 접근성을 높여주었다.

제품수명주기관리 기반의 비즈니스모델을 통해서 새로운 시장을 개척한 제록스의 사례는 제조와 판매 기반의 성장이 한계에 도달한 시장에서 기업들에게 새로운 성장 방안을 제시할 수 있다. 예를 들어 항공기 엔진을 생산하는 제너럴일렉트릭GE은 항공기 제작사에 엔진을 판매하면서 얻는 수익보다 더 많은 수익을 항공 운항사에 유지보수 서비스를 제공하면서 얻는다. 항공기 운항 시 엔진이 최적화된 상태를 유지할 수 있도록 빅데이터 분석을 기반으로 다양한 유지보수 서비스를 제공하면서 보다 안정적인 수익 구조를 만들어가는 것이다.

완성차 제조업체들도 자동차 시장의 변화에 능동적으로 대응하면서 자동차 시장을 지켜내기 위해 제품수명주기관리 기반의 사업에 투자를 늘려가고 있다. 자율주행차를 상용화하기 위한 투자와 차량 공유 서비스 사업을 육성하기 위한 투자를 병행하고 있는데, 다임러가 생산한 자동차를 기반으로 유럽, 미주, 아시아 지역에서 차량 공유 서비스를 제공하는 다임러의 자회사 카투고Car2go가 대표적인 사례다.

카투고는 수년 내에 상용화되는 자율주행차가 몰고 올 자동차 시장의 변화에 선제적으로 대응하기 위해 다임러가 설립한 회사다. 자율주행차 기반의 차량 공유 서비스, 즉 무인 택시가 등장하면 대중교통의 불편함을 최소화하면서 자동차 구매와 유지 비용에 대한 부담을 덜어주기 때문에 자가운전자가 줄어들 것이다. 그러나 개인의 차량 소유가 줄어드는 만큼 무인 택시 사업자들의 차량 구매가 늘어나지는 않을 것이다. 무인 택시를 운영하는 디지털 플랫폼이 빅데이터 분석과 인공지능 알고리즘을 기반으로 교통 시장의 수요를 시간과 지역별로 정확히 예측해 유휴 자원을 최소화하면서 운행 차량의 수를 크게 늘리지 않고도 수요와 공급의 균형을 이루어낼 수 있기 때문이다.

결국 자율주행차의 상용화로 자동차의 생산량과 판매량이 감소하는 상황에서 대부분의 완성차 제조업체들은 판매 중심의 비즈니스모델이 아닌 제품수명주기관리 중심의 비즈니스모델을 기반으로 수익을 창출해야 한다. 또한 내연 기관 자동차보다 수명이 긴 전기자동차 시장이 성장하면 자동차의 생산량과 판매량이 더욱 감소할 것이기에 카투고처럼 생산한 자동차를 기반으로 다양한 서비스를 통해 자동차의 생명주기를 관리하며 수익을 만들 방법을 고민하고 있다.

이런 미래에 대한 시장의 시각은 기업의 가치에도 반영된다. 우버의 2021년 2분기 매출은 약 4조 5,000억 원(39억 2,900만 달러)이었지만 기업 가치는 108조 원에 육박했다(2021년 10월 기준).

비슷한 시기 세계 2위 완성차 제조업체인 토요타의 매출액은 약 83조 3,000억 원(7조 9,400억 엔)에, 기업 가치는 약 329조 원이었다. 우버의 기업 가치가 지나치게 과대 평가된 측면도 있지만, 수년 후에 선보일 자율주행차 기반의 차량 공유 서비스 시장에서

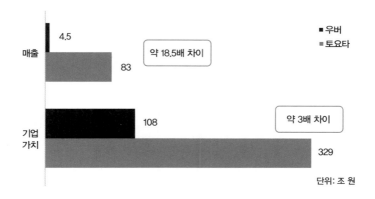

우버와 토요타 2021년 2분기 매출과 기업 가치

우버가 가질 수 있는 경쟁력에 대한 투자자들의 기대 심리가 반영된 것으로 해석할 수 있다.

자본시장은 향후 자율주행차가 상용화되고 전기자동차 시장이 확대되면서 제품수명주기관리 중심의 비즈니스모델을 기반으로 자동차 시장의 구조가 재편되는 과정에서, 완성차 제조업체가 아닌 디지털 플랫폼 사업자가 시장을 지배하게 될 가능성이 크다고 보고 있다. 전기자동차가 내연기관 자동차를 대신하면서 자동차 관련 기술이 단순화되고 자율주행자 관련 기술이 모듈화되면 자동차 산업의 진입 장벽이 낮아질 것이기 때문에, 완성차를 생산하기 위한 기술보다 차량 공유 서비스를 제공하기 위한 플랫폼 운영 역량이 향후 자동차 산업에서 더 가치 있는 경쟁력이 될 수 있다는 것이다. 차량 공유 서비스 업체를 육성하면서 자동차 시장을 지키고자 하는 완성차 제조업체와 플랫폼을 기반으로 공급망을 운영하면서 모듈화된 기술의 조합을 통해 자동차를 생산해서 자동차 시장에 진입하고자 하는 빅테크 기업은 자동차 시장을 놓고 진검승부를 벌일 것이다.

기술이 대중화되고 평균화되면서 대부분의 제조업에서 이러한 현상이 나타날 가능성이 크다. 플랫폼을 기반으로 제품 제조부터 제품 기반의 서비스 공급까지 일련의 가치사슬이 통합되는 과정에서 플랫폼 사업자들은 사업 영역을 더욱 확장해갈 것이다.

효율적인 플랫폼 운영을 위한 복잡계 이론

전략이 성공하기 위해서는 주요 기회와 위협 요인이 충분히 예측 가능해야 하며, 계획의 실천을 위한 효과적이고 효율적인 기제가 있어야 한다. 그러나 시장의 불확실성이 증가하면서 기업들이 기존 방식대로 미래를 예측해 계획을 세우고 이를 실천하기가 어려워졌다. 미래 예측을 기반으로 수립하는 전략과 하향식 의사결정 구조를 기반으로 실천하는 전략은 이제 유효하지 않다는 시각이 지배적이다. 기업들은 다수의 시나리오를 개발하고 운용함으로써 조직의 유연성을 높이고, 현장에서 실무를 담당하고 고객을 응대하는 직원에게 더 많은 자율성을 부여함으로써 변화에 빠르게 대처하려 했다. 하지만 결과적으로 지엽적이고 일관성 없는 의사결정으로 부서 간 갈등이 잦아지고 심해지면서 조직이 혼란에 빠지고 갈등 조정 비용이 증가하는 경우가 대부분이었다.

일부는 '복잡계'의 관점으로 조직 구성원 간의 통일된 행동이 진화적으로 나타나는 과정에서 창발적으로 생성되는 전략이 유효할 것이라고 믿는다. 수많은 구성 요소 간의 다양하고 유기적인 상호작용에서 비롯되는 복잡한 현상들의 집합체를 복잡계라고 하며, 이 복잡계 개념에 기반한 자기조직화 이론은 플랫폼에서 불확실성을 낮추기 위한 이론적 토대를 제공한다.

예측할 수 없는 것을 예측하다, 카오스이론

전 세계를 공황 상태로 몰고 갔던 2008년 미국발 금융 위기, 수만 명의 사상자와 수십만 명의 이재민을 낳았던 2011년 동일본대지진. 어느 학자나 관료도 예측하지 못했던 사건들이다. 이러한 사건은 자연에서도, 사회에서도, 경영 환경에서도 발생한다. 하지만 현상의 구성 인자들이 헤아릴 수 없을 만큼 많고 인자들 간의 상호작용이 복잡해서 단순화한 수학적 모형만으로는 예측이 불가능하다.

1960년대 기상변화를 연구하던 미국의 수학자 에드워드 로렌즈Edward Lorenz는 초기 조건의 미세한 변화에 따라 전혀 다른 기상 상황이 전개되는 현상을 나비효과라고 명명하면서 카오스이론(혼돈이론)을 정립하기 시작했다. 이는 기존의 뉴턴 패러다임이 가지는 한계를 넘어서는 새로운 과학의 출발점이 됐다.

뉴턴 패러다임은 모든 현상에는 원인이 존재한다는 인과적 결정론과 현상을 작은 요소로 나누어 분석하고 이를 종합하면 전체를 이해할 수 있다는 환원주의에 뿌리를 둔다. 현상을 단순화하고 일반화하여 규칙적인 이론으로 설명하려는 노력이다. 하지만 로렌즈에 따르면 자연이나 사회 현상은 규칙적으로 움직이지 않고, 복잡하고 비선형적이며 동태적인 유기체의 성격을 지닌다. 즉 자연계에는 태양계와 같이 규칙적인 현상을 만들어내는 시스템도 있지만 기상변화와 같이 불규칙한 현상을 만들어내는 시스템도 있다. 이 시스템을 복잡계, 그리고 예측이 쉽지 않은 상태를 카오스(혼돈)라 부른다.

로렌즈는 카오스이론을 통해 자연계의 현상에 결정론적 인자가 있더라도 다양한 인자의 매우 작은 변화에 따라 전혀 다른 결과들이 나올 수 있다고 설명했다. 그리고 그 혼돈 속에서 나름의 질서를 찾고자 했다. 오늘날 카오스이론은 사회과학 분야까지 확장 반영되어 환율과 주가, 국제관계 등 혼란스럽고 예측할 수 없는 사회적 현상을 설명하는 수단으로 활용되고 있다.

1970년대 노벨화학상 수상자인 일리야 프리고진Ilya Prigogine은 점균류 곰팡이를 관찰하다가 '자기조직화' 이론을 도출한다. 점균류 곰팡이는 영양분이 모자라면 서로 신호를 보내어 수만 마리가 일제히 하나의 유기체로 응집해 기어 다니면서 영양분을 섭취한다. 그리고 영양분을 충분히 섭취하면 다시 흩어져 단세포 생물로 돌아간다. 이처럼 불균형 상태에 있는 시스템이 구성 요소들 사이의 집합적인 상호작용을 통해 조직화된 질서를 창발적으로 만들어내는 현상을 자기조직화라고 일컫는다. 이는 자연계의 일반적인 현상이며, 대표적인 사례로 철새의 군무나 흰개미가 만들어내는 거대한 돌기둥, 기업 간의 다양한 상호작용을 통해서 새로운 산업을 선도해나가는 실리콘밸리 등을 들 수 있다. 프리고진은 자연계는 누군가의 계획과 통제하에서 생성된 것이 아니라 자기조직화에 의해서 자발적으로 생성되었다고 주장했다.

불확실성이 낮은 경영 환경에서는 과거 자료의 분석에 근거한 미래 예측을 기반으로 전략 계획을 수립하고 철저한 통제 아래에서 실천하는 접근이 유효했지만, 예측할 수 없을 만큼 불확실성이 높은 환경에서는 최소한의 제도적 제약 아래 시스템 구성 요소 간의 소통에 의해 자연스럽게 질서가 도출되는 자기조직화의 접근이 더 유효할 수 있다.

과거의 접근법(파이프라인)을 버스 시스템으로, 새로운 접근법(플랫폼)을 택시 시스템으로 설명해보자. 버스 운수업체는 지역의 교통 수요를 예측하여 노선과 정류장을 설정하고 승객의 불만을 최소화하면서 이윤을 극대화하는 배차 시간을 설정한 뒤, 설정된 정류장의 위치와 배차 시간을 준수하면서 버스를 운행한다. 교통 수요의 정확한 예측과 배차 시간의 준수가 운수업체의 핵심 성공 요인이다.

반면 택시 운수업체는 정확한 교통 수요 예측을 토대로 노선과 배차 시간을 설정하지 않는다. 광역시도의 수요를 기반으로 택시 면허를 취득한 개인 또는 법인 사업자가 운행 지역 등 최소한의 규정만을 준수하면서 자유롭게 택시를 운행하고, 기사들의 경험을 기반으로 자연스럽게 시간별, 지역별 수급 불균형을 완화해간다. 지역별, 시간대별로 교통 수요가 일정하게 발생하는 곳에서는 버스 시스템이 생산적일 수 있지만, 예측할 수 없을 정도로 교통 수요의 변화 폭이 큰 경우에는 택시 시스템이 생산적일 것이다. 물론 수요가 일정한 상황에서도 택시와 버스는 공존한다. 택시는 승객이 원하는 시간에 원하는 출발지에서 목적지까지 승객을 이동시켜주는 편의성을 제공하기 때문이다. 효율성을 높이기 위해 버스, 지하철 등의 대중교통 위주로 교통 체제를 구성했을 때 부족한 효과성을 택시가 채워줄 수 있다.

한편 불확실성이 높은 환경에서는 변화를 빠르게 감지하고 감지된 변화에 즉각 반응해야 한다. 그러기 위해서는 조직 구조와 기능 그리고 프로세스를 모듈화하고 모듈 간에 원활한 상호작용이 이루어지도록 최소한의 규약을 기초로 플랫폼을 구동해야 한다. 이때 상호작용의 생산성과 변화에 반응하는 속도를 높이기 위해 '프랙털 이론'을 통해서 일정 수준의 예측이 필요하다. 수학자 브누아 망델브로Benoît Mandelbrot는 자기유사성을 갖는 기하학적 구조, 프랙털을 통해서 불규칙하고 무질서한 상태에서 창발하는 질서를 예측하는 길을 열었다.

프랙털 이론은 단순한 구조가 끊임없이 반복되며 복잡한 전체 구조를 형성하는 현상을 설명한다. 리아스식 해안선, 동물 혈관의 분포, 나뭇가지, 창문에 끼는 성에, 산맥 등 자연계의 생성 및 진화

과정을 프랙털 이론으로 설명할 수 있으며, 시장의 변화를 설명하는 데도 이 이론을 적용할 수 있다. 수많은 요인으로 구성된 주식 시장도 하루, 한 주, 한 달, 1년의 주가 흐름을 살펴보면 일정 수준의 규칙을 발견할 수 있기 때문이다. 기업의 재무제표, 정부의 정책, 시장의 성장성 등 주식 시장에 영향을 미치는 다양한 요인들을 분석해서 투자 전략을 수립하기보다 주식 시장의 주가 흐름이 보여주는 규칙을 분석해서 투자 전략을 수립하는 접근이 더 효과적인 경우도 있다.

자연 현상뿐 아니라 불규칙하고 무질서한 사회 현상에도 일정한 규칙과 질서가 존재하며, 거기에는 프랙털 구조가 내재한다. 부분의 모습 속에 전체 모습이 담겨 있는 것이다. 인간의 심장 박동 그래프를 확대해보면 큰 파장 속에서 동일한 유형의 더 작은 파장을 볼 수 있고, 주가의 흐름에서도 멀티 프랙털 구조를 볼 수 있다. 따라서 부분을 해석하면 전체를 예측할 수도 있고, 역으로 전체를 해석해서 부분을 예측할 수도 있다.

플랫폼이 추구하는 가치를 구현하기 위해서는 최소한의 규약을 통해서 모듈 간의 원활한 상호작용을 위한 환경을 제공하되 예측할 수 있는 부분은 예측을 통해 대응하면서 효율적인 상호작용을 위한 틀을 제시하려는 노력이 필요하다.

최적의 조합을 찾아내는 양자컴퓨터

플랫폼은 환경의 변화를 감지하면서 거기에 최적화된 대안을 마련하기 위해 수많은 경우의 수를 고려해서 최적화된 모듈의 조합을 찾아내야 한다. 현재의 컴퓨팅 역량으로는 최적화 문제를 푸는 데 한계가 있지만, 최근 화두가 되고 있는 '양자컴퓨터'가 획기적인 발전의 계기를 마련해줄 수 있다.

양자컴퓨터란 무엇일까? 컴퓨터는 비트(0 또는 1)로 연산을 처리하지만, 양자역학에 기반을 두고 고안된 양자컴퓨터는 0과 1의 두 가지 상태를 모두 갖는 양자 비트로 연산을 수행한다. 양자컴퓨터에 대한 아이디어를 처음 제시했던 물리학자 리처드 파인만은 세상의 모든 물질은 양자역학의 원리에 의해 움직이기 때문에 양자역학의 원리를 활용한 컴퓨터가 개발되면 시뮬레이션을 통해서 복잡한 현상을 해석하고 보다 복잡한 문제를 해결하는 것이 가능해진다고 주장했다.

최근 양자컴퓨터가 더욱 주목받는 이유는 반도체의 집적도를 높여 컴퓨터의 성능을 향상시키는 기존 방식에 한계가 있기 때문이다. 컴퓨터에 사용되는 칩을 만들기 위해서는 웨이퍼wafer라고 불리는 반도체 소재의 기판 위에 회로를 구성해야 하는데, 이 회로는 물질을 구성하는 원자보다 작아질 수 없다. 그런데 양자 비트를 기반으로 연산을 처리하는 양자컴퓨터는 비트의 수가 증가할 때마다 일반 컴퓨터와 비교해서 2의 제곱만큼 연산 속도가 빨

라져서 같은 집적도로 훨씬 빠른 연산 속도를 구현할 수 있다.

물품을 배송하는 최단 경로를 찾는 문제를 예로 들어보자. 5개의 배송지에 물품을 배송해야 할 경우, 최단 경로를 찾아내기 위해서는 120개의 경로를 비교해야 한다. 배송지가 10개로 늘어나면 가능한 경로가 360만여 개, 15개면 1조 3,000억여 개로 늘어난다. 1초에 1경 번의 계산이 가능한 슈퍼컴퓨터로 최단 경로를 찾아낸다면 1초도 걸리지 않겠지만, 배송지가 25개로 늘어나면 49년, 30개로 늘어나면 8.4억 년이 소요된다. 현존하는 최고의 컴퓨터로도 경우의 수를 모두 비교해서 최단 경로를 찾아내기란 불가능하다. 그렇기에 현재의 컴퓨팅 수준에서 구하기 쉽지 않은 엄밀해(실제해)는 알고리즘을 통해서 근사해를 구한다.

하지만 양자컴퓨터를 사용하면 이전까지 8.4억 년이 걸렸던 최적화 문제의 엄밀해를 8년 5개월 만에 구할 수 있다. 2015년 미국 항공우주국NASA과 구글의 공동 연구팀은 캐나다 벤처기업 디웨이브 시스템즈D-Wave Systems에서 개발한 양자컴퓨터의 성능을 시험한 후에, 최적화 문제를 푸는 데 양자컴퓨터의 연산 속도가 기존의 슈퍼컴퓨터의 것보다 1억 배 빠르다고 발표했다. 슈퍼컴퓨터로 처리하는 데 3년 넘게 걸리는 연산을 1초 만에 처리할 수 있는 것이다. 연산 처리 속도는 문제 유형에 따라 차이가 있으므로 단순 비교를 하기에는 무리가 있지만, 양자컴퓨터를 통해서 연산 처리 속도가 획기적으로 향상될 수 있다는 사실은 틀림없다.

양자컴퓨터는 1980년대에 고안된 이래 계속해서 개발이 진행되었지만 21세기 후반이 되어야 상용화가 가능하다고 여겨졌다. 양자컴퓨터가 상용화되기 위해서는 양자를 안정적으로 양산해내는 제조 기술과 새로운 방식의 컴퓨터 운영체제가 확보되어야 하는데, 이들이 아직 이론 단계에 머물러 있었기 때문이다. 하지만 디웨이브가 양자컴퓨터를 상용화하고 NASA와 구글이 성능 시험 결과를 발표함으로써 양자컴퓨팅의 시대가 앞당겨졌다.

> 양자역학은 컴퓨팅 방식뿐만 아니라 사고방식도 바꾸어놓을 것이다. 양자택일을 강요하는 기존 산업사회의 사고방식은 현상의 실체를 인식하고 거기에 최적화된 대응을 하는 과정에서 한계를 보였다. 그러나 앞으로는 양자컴퓨팅으로 구동되는 플랫폼과 양자철학의 사고방식을 가진 참여자들이 상호작용을 통해서 시장의 문제를 제대로 정의하고 최적의 답을 찾아갈 것이다.

인사관리를 생각해보자. 산업화가 시작되면서 사람들은 효율적인 수요 공급 관리를 위해 끊임없이 유형을 분류하고 영역을 구분 지었고, 인간의 성격조차 기준을 정해서 분류하고자 했다. 가장 널리 활용되는 마이어스-브리그스 유형 지표MBTI는 외향-내향, 감각-직관, 사고-감정, 판단-지각의 네 가지 관점에서 인간을 이해하고자 했다. 주어진 상황에서 어떻게 행동할지를 묻는

100개의 질문에 답하면 16가지의 유형 중 한 가지로 성격이 분류된다. 하지만 4가지 척도에 중간값은 존재하지 않는다. 외향적이면서도 내향적인 성격을 가진 경우라도 외향적 성격이나 내향적 성격 중 한 가지를 선택해야 한다.

조직 내에서 적재적소에 인력을 배치하기 위한 플랫폼이 구동되는 경우, 플랫폼에 올려진 구성원의 특성은 인사관리 부서에서 정의한 몇 가지의 항목으로 묘사될 것이다. 하지만 그 항목은 구성원의 특성을 묘사하는 데 한계가 있다. 양자역학의 원리에 기반을 두고 접근하면 보다 정확하게 구성원의 특성을 묘사해 적합한 구성원을 업무에 배치할 수 있다.

예를 들어 직책 A에 특성 b_1을 가진 구성원이 특성 b_2를 가진 구성원보다 적합하다고 가정해보자. 한 구성원이 특성 b_1을 55퍼센트, b_2를 45퍼센트 가졌다면 기존 시스템은 그를 특성 b_1을 가졌다고 묘사하고 직책 A에 배치할 가능성이 크다. 하지만 조직 내에 특성 b_1을 90퍼센트, b_2를 10퍼센트 가지고 있는 다른 구성원도 존재한다고 해보자. 특성 b_1을 가진 것으로 묘사되는 두 구성원 중 후자가 직책 A에 더 적합할 가능성이 크지만, 기존 시스템에서는 이 둘을 구분할 수 없다.

양자역학에 기반을 두고 접근하면 현상과 인지 대상의 특성을 보다 사실적으로 묘사할 수 있으며 이러한 묘사를 토대로 플랫폼 참여자들은 그들의 요구 사항이 좀 더 충실하게 반영된 모듈의 조합을 만들어낼 수 있다. 예를 들어 양자컴퓨터를 기반으로 구동되는 구인 구직 플랫폼은 구인자와 구직자에게 보다 만족도가 높은 매칭 서비스를 제공할 것이다. 양자컴퓨터는 최적의 조합을 찾아가는 과정에서 발생하는 수많은 경우의 수를 빠르게 비교할 수 있는 역량을 제공할 수 있다.

상상을 실현하는 디지털 트랜스포메이션

다양한 실험을 통해서 참여자가 원하는 조합을 찾아가는 공간인 플랫폼은 실험 비용을 획기적으로 낮출 방법을 찾아내야 한다. 실험의 속도를 높이고 관련 비용을 줄일 수 있는 혁신적인 대안으로 '디지털 트윈digital twin'이라는 기술이 있다. 현실세계를 가상공간에 모델링하고 그 가상세계를 통해 현실세계를 모니터링하면서 상황을 예측하거나, 다양한 실험으로 최적화된 조건을 찾아내는 기술이다. 디지털 트윈이 기존 시뮬레이션 기술과 다른 점은 현실세계에서 발생하는 데이터가 사물인터넷을 통해서 실시간으로 수집되고 가상세계에 전송되어 현실세계와 가상세계가 동기화된다는 것이다. 사물인터넷, 5세대 이동통신, 빅데이터, 인공지능 등 데이터를 수집, 전송, 처리하는 컴퓨팅 기술의 획기적인 발전으로 기존 시뮬레이션 기술은 디지털 트윈으로 진화했다.

기업들은 다양한 분야에서 디지털 트윈을 구현하고 활용할 수 있다. 제품의 설계 및 개발부터 생산, 유통, 판매, 사후 처리 등 제품의 생명주기 전반에 걸쳐 발생하는 데이터를 기반으로 디지털 트윈을 생성하면 공간과 시간의 물리적 제약을 극복하면서 다양한 분석이 가능하다. NASA는 우주에 있는 우주선의 유지와 보수를 위해 디지털 트윈을 개발했고, 에너지 산업에서는 유전 탐사 및 관리 비용을 절감하는 데 활용했으며, 최근에는 제조업에서 생산 설비의 유지 보수 관련 비용을 절감하고 생산 공정을 최적화하는 데 활용하고 있다.

하지만 디지털 트윈의 역할은 제품 개발 시간을 줄이고 생산 공정을 최적화하여 비용을 절감하는 데 그치지 않는다. 디지털 트윈은 '디지털 트랜스포메이션digital transformation'의 도구로서 기업의 비즈니스모델과 업무 방식에 혁신적인 변화를 만들어내고 있다. 디지털 트랜스포메이션은 단지 정보통신기술을 접목해서 업무의 효율성을 높이고자 하는 노력이 아니라, 이전에는 상상으로만 가능했던 비즈니스모델을 정보통신기술을 기초로 실현해나가는 것이다.

디지털 트랜스포메이션은 '물리적인 제약 때문에 고객에게 전달할 수 없었던 가치를 전달할 수 있도록 전략적 자산을 디지털화해서 비즈니스모델을 혁신하는 방법론'으로 정의할 수 있다.

플랫폼은 새로운 비즈니스모델을 구현하는 과정에서 발생하는 물리적인 제약들을 디지털 트랜스포메이션을 기반으로 제거해나갈 것이다. 기업은 디지털 트랜스포메이션에 대한 투자에 앞서 제품이나 서비스를 통해 고객에게 전달하고자 하는 가치를 먼저 정의해야 하며, 이 가치는 고객이 가진 문제를 해결하겠다는 목표에 따라 정의되어야 한다.

제품이나 서비스를 통해서 전달하는 기존의 가치를 점진적으로 확장하는 노력도 필요하겠지만, 시장을 선도하기 위해서는 불연속적인 관점에서 새로운 가치를 정의하는 접근이 더욱 적합해 보인다. 10대들이 즐기는 간식거리로 출시했던 밀크셰이크가 기대만큼 매출을 만들지 못하자, 출근길 직장인들의 무료함을 달래는 신문의 대용품 또는 허기를 채우기 위한 아침 식사의 대용품으로 제품의 콘셉트를 바꾸어 기대 이상의 매출을 올렸던 맥도날드의 사례를 되짚어볼 필요가 있다. 네스프레소의 사례도 기억할 만하다. 출시되고 10년 넘게 시장을 만들지 못했던 네스프레소는 영업장이나 사무실에서 공간 활용도를 높여주는 소형 에스프레소 머신 또는 바리스타들의 일손을 덜어주는 에스프레소 머신 콘셉트를 버리고 가정에서도 고급 에스프레소를 즐길 수 있는 에스프레소 머신으로 제품 콘셉트를 바꾼 후에 시장을 개척했다.

같은 제품이라도 고객에게 전달하고자 하는 가치 즉 제품의 콘셉트가 바뀌면 비즈니스모델 전반에 걸친 변화가 필요하다. 어떤 고객에게 어떤 가치를 제안해야 할지, 설정한 표적 시장에 가치를 전달하기 위해 어떤 유형의 고객 관계와 유통 경로를 확보해야 할지, 가치를 전달하는 과정에서 수익은 어떻게 만들지, 가치를 만들어내기 위해 어떤 핵심 자원과 역량, 파트너십을 확보해야 할지, 그리고 그 과정에서 발생하는 비용을 어떻게 관리해야 할지에 대한 고민이 유기적인 관계 속에서 이루어져야 한다.

2000년대 초, 스타벅스의 성장 전략은 품질 문제를 발생시켰다. 동시에 세계 금융 위기로 소비가 위축되면서 던킨도너츠와 맥도날드가 저가 커피 시장을 확대했고, 스타벅스의 매출은 급감했다. 경영 위기 속에 2008년 최고경영자 자리에 복귀한 하워드 슐츠는 양적 성장보다는 스타벅스의 핵심 가치에 집중하는 방향으로 전략을 수정했다. 그리고 디지털 트랜스포메이션을 통해 기업, 고객, 협력업체 모두가 커피를 매개로 함께 성장하는 길을 모색했다.

스타벅스는 고객이 스타벅스의 서비스를 이용하는 과정에서 경험하는 문제점을 찾아내고 해결하기 위해 디지털 트랜스포메이션을 활용했다. 서비스를 제공하는 과정에서 발생하는 고객과의 모든 상호작용을 디지털 플라이휠Digital Flywheel이라는 플랫폼을 통해서 모바일 기반으로 처리함으로써 고객이 커피에 몰입할 수 있는 환경을 구축한 것이다. 모바일로 음료를 주문하고 결제하면 가장 가까운 매장으로 주문이 보내지고, 고객은 주문 승인부터 완료까지의 순차적인 과정을 확인할 수 있다. 음료가 준비되면 알림 메시지가 고객에게 발송되어 대기 시간을 줄여준다. 주문 단계에서는 구매 이력, 주문 위치와 시간 그리고 날씨 등의 데이터를 분석해서 고객에게 음료를 제안하는 개인화 서비스를 제공한다. 또한 주문, 결제와 연계된 다양한 보상 프로그램을 개인화하여 제공함으로써 고객의 충성도를 높이고 있다.

또 스타벅스는 다양한 업체들과의 협업을 통해서 스타벅스 매장과 커피에 대한 접근성을 높이고 있다. 매장의 입지를 선정하는 데 인구통계, 교통, 주변 상권 정보 등의 빅데이터 분석을 활용한다. 뉴욕, 시애틀 등의 미국 일부 도시에서는 매장에 접근이 쉽지 않은 고객을 위해 음식 배달 서비스 업체 포스트메이츠Postmates와 제휴하여 커피를 배달하기도 하고, 스타벅스 앱에 우버 앱을 연계하여 매장에서 우버를 호출할 수 있는 서비스를 제공하기도 하며, 스트리밍 서비스 스포티파이와 연계된 스타벅스 앱을 통해서 원하는 음악을 즐기면서 커피를 마실 수 있는 경험을 제공하는 등 스타벅스 커피에 대한 고객 경험을 확장해나가고 있다.

하지만 무엇보다 중요한 것은 커피의 맛과 품질을 모든 매장에서 동일하게 유지하면서 스타벅스 브랜드의 권위를 지켜내는 일이다. 최첨단 커피 머신 클로버, 스마트 냉장고, 스마트 온도조절기 등 매장에 설치된 각종 기기는 사물인터넷과 연계되어 기기의 상태, 매장의 재고, 고객의 취향 등에 관련된 데이터를 클라우드 공간에 전송한다. 전 매장에서 수집된 데이터는 빅데이터 분석을 통해 모든 매장에서 같은 품질의 커피 맛과 서비스를 개인화하여 제공하는 데 활용되고 있다.

스타벅스가 브랜드 권위를 지키면서 고객의 '스타벅스 경험'을 확장하기 위해서는 다양한 파트너들과 유기적인 관계 속에서 협력해야만 한다. 고객에게 가치를 제공하기 위한 모든 역량을 기업 내에서 확보할 수는 없기 때문이다. 스타벅스는 파트너들과의 상생을 통해 고객에게 제공할 수 있는 경험의 영역을 확장하는 창조적인 성장 플랫폼을 구축하려 한다. 음식 배달 서비스 업체, 승차 공유 서비스 업체, 음원 스트리밍 업체, SNS 업체 등 다양한 영역의 사업자들이 플랫폼에 참여하여 핵심 역량을 제공하면서 세계 최고의 커피 공급자로 자리매김하고자 하는 스타벅스의 비전을 함께 실현해가고 있다.

스타벅스는 내부 프로세스를 모듈화하고 디지털화하여 스타벅스 경험의 영역을 확장하는 과정에서 필요한 외부 역량을 내부 프로세스에 수월하게 연계할 수 있도록 조직의 유연성을 높였다. 이처럼 디지털 트랜스포메이션은 급속한 환경 변화에 능동적으로 대응하기 위해 정보통신기술을 기반으로 조직의 유연성과 확장성을 높여 혁신이 용이한 환경을 만들어가는 것이다.

서비스업뿐만 아니라 제조업에서도 디지털 트랜스포메이션을 활용하여 고객별로 맞춤형 제품을 제공하고자 하는 시도가 있지만, 현재까지는 생산 공정의 효율성을 높이는 데 초점이 맞추어져 있다. 일본 최대 패션 플랫폼 조조타운ZOZOTOWN은 2017년 센서가 부착된 슈트를 무료로 배포해 고객의 신체 치수와 모양을 정확하게 측정한 후 맞춤 의류를 제작하는 조조슈트를 출시했다. 하지만 신체 측정 과정에서 기술적 오류가 발생하고 맞춤식 의류 생산 공정 및 공급망 관리에 한계가 보이면서 1년 만에 사업을 중단했다.

조조타운은 앞선 실패를 기반으로 조조슈즈ZOZOSHOES라는 이름으로 의류 제조가 아닌 신발 유통 시장에 다시 도전했다. 조조슈즈는 조조슈트와 마찬가지로 고객이 자신의 발 치수와 모양을 측정할 수 있는 조조매트를 무료로 제공하고 시장에서 유통되는 기존의 제품 중에 자신의 발에 맞는 신발을 선택할 수 있도록 추천해주는 서비스를 제공하고 있다. 고객은 조조타운 앱을 스마트폰에 내려받은 후에, 조조매트 중앙의 발 모양 공간에 발을 올려놓고 음성 안내에 따라 스마트폰 카메라로 6개의 방향에서 발을 촬영한다. 발 모양 공간 주변의 마커를 기반으로 측정된 발 모양과 치수는 앱에 3D로 표시되고 저장된다. 그리고 신발을 구매할 때 선호하는 브랜드, 디자인, 색상 등의 추가 정보를 앱에 입력하면 된다. 조조슈즈는 보다 다양한 신발을 고객에게 추천하기 위해 지속해서 제품 정보를 추가하고 있으며, 향후 신발 생산 업체들과 협업을 통해서 맞춤형 신발을 고객에게 제공할 계획이다.

아디다스는 앞서 2015년부터 스피드팩토리Speed Factory라는 프로젝트를 통해 노동집약적인 신발 산업을 자본집약적인 산업으로 변화시키고자 했다. 2016년에 완공된 독일 안스바흐 공장과 2017년에 완공된 미국 애틀랜타 공장에서는 생산직 10명이 연간 50만 켤레의 신발을 생산했다. 사물인터넷, 빅데이터, 인공지능, 로보틱스, 3D프린팅 등의 첨단 기술을 기반으로 스마트 팩토리를 구축해 소품종 대량 생산 체제를 다품종 소량 생산 체제로 바꾸어 소비자가 원하는 디자인과 소재로 소비자의 발 치수와 모양에 맞는 운동화를 시장에 공급하는 것이 목표였다. 소비자는 디자인, 원단의 질감과 색상, 깔창의 재질, 굽의 재질과 높이, 끈의 모양과 색상 등을 선택할 수 있었으며, 주문이 접수되면 5시간 이내에 신발이 생산됐다. 일부 가죽 신발의 박음질을 제외하고 생산 공정의 각 단계에서 필요한 모든 작업은 지능화된 로봇이 3D프린터를 활용해 수행했다.

하지만 2019년 말, 아디다스는 스피드팩토리를 이듬해 상반기에 폐쇄하기로 한다. 이전 공정과 비교해 3배나 단축된 생산 시간과 3D프린터를 이용한 맞춤식 생산은 스마트 팩토리의 가능성을 제시했지만, 다품종 소량생산 체제로 한 해 4억 켤레에 이르는 아디다스의 판매 물량을 생산하기에는 한계가 있었다.

디지털 트랜스포메이션을 기반으로 새로운 비즈니스모델을 선보이고자 했던 조조슈트와 스피드팩토리, 두 프로젝트는 일단 실패로 돌아갔지만 제조업의 향후 발전 방향성을 제시했다. 디지털 트랜스포메이션을 통해서 새로운 비즈니스모델을 구현하는 데 필요한 모든 역량을 확보하기보다는 플랫폼 기반의 접근을 통해서 기업 내외부의 다양한 역량을 조합해 가치사슬을 관리하는 것이 현실적인 대안이 될 수 있음을 알게 된 것이다. 조조타운이 조조슈트를 포기하고 조조슈즈를 시작한 것처럼 말이다.

거래를 공정하게 관리하는 블록체인

필리핀에서 약 1,700킬로미터 떨어진 태평양 남부에 얍Yap이라는 작은 섬이 있다. 20세기 초 미국의 인류학자 윌리엄 헨리 퍼니스 3세가 몇 달간 이 섬에 머무르면서 섬 주민들의 화폐, 라이에 관한 흥미로운 기록을 남긴 이후 이 섬은 경제학적 관심의 대상이 되었다.

대략 1,000년 전 얍 주민들은 얍과 400킬로미터 떨어진 팔라우Palau섬에서 석회암을 발견하고 이 아름다운 돌을 진귀한 물건으로 여기면서 수백 차례의 항해를 통해서 얍으로 옮겨놓았다. 얍으로 옮겨진 석회암은 화폐가 됐다. 얍에서는 채굴되지 않아 위조할 수 없었고 옮기기 어려운 만큼 희귀해서 그 가치가 보존될 수 있었기 때문이다. 돌의 크기와 가공 솜씨에 따라 정확한 가치가 정해졌는데, 운반이 쉽지 않았기에 섬 주민들은 라이를 처음 놓인 위치에 두되 주민 간 동의하에 그 소유권을 바꾸었다. 어떤 집 앞의 라이가 멀리 떨어진 마을에 사는 주민의 소유일 수도 있는 것이다. 소유권은 섬 주민들의 머리에 기록되어 있었다.

라이는 섬 주민들의 머릿속에 존재하는 원장을 기반으로 교환 수단, 지불 수단, 가치 보장 수단이라는 화폐의 3가지 기능을 제공하는 혁신적인 방식이었다. 노벨경제학상 수상자인 밀턴 프리드먼은 얍의 화폐 제도를 금본위제도에 비유하면서 화폐의 실체에 대한 사용자들의 확고한 믿음이 중요하다고 강조했다. 돌 화폐는 물리적으로 소유하거나 휴대하기 불편했지만 사용자 간 신뢰를 바탕으로 화폐의 3가지 기능을 충분히 제공했다. 화폐의 가치는 돌 자체가 아니라 누가 라이를 소유하고 있는지에 대한 집단의 합의에 의해 결정되었다.

현재 시장에서 유통되는 실물 화폐의 총액은 화폐 총량의 10퍼센트에도 미치지 못한다. 대부분 화폐는 계정의 차변과 대변 항목으로서 컴퓨터 서버에 존재하며, 은행, 신용카드사, 온라인 지불 시스템 운영사 등 중개인을 통해서 유통된다. 14세기 말 피렌체에 메디치은행Banco dei Medici이 설립된 이래 은행은 화폐 유통의 중개인 역할을 해왔으며, 시장의 신뢰를 바탕으로 한 은행 중심의 금융 기제를 통해 자본주의가 성장했다.

그러나 2008년 미국발 금융 위기로 은행 중심의 금융 기제에 대한 불신이 급속히 퍼졌으며 유럽발 재정 위기 이후 각국 정부의 통화 및 재정 정책에 대한 불신 또한 커졌다. 이 때 사토시 나카모토Satoshi Nakamoto라는 가명을 사용하는 누군가가 인터넷에 〈비트코인: 당사자 간 전자 화폐 시스템Bitcoin: A Peer-to-Peer Electronic Cash System〉이라는 논문을 게재하며 블록체인 기술이 주목받기 시작했다.

사토시 나카모토는 왜 온라인 거래에서 발생하는 모든 결제를 금융기관들이 중개해야 하는지와 왜 온라인 거래에서 현금과 같은 결제 수단을 사용할 수 없는지에 대한 답을 구하고자 했다. 익명성이 보장되고 수수료가 발생하지 않는 현금 거래의 이점을 온라인 거래에서도 누리고자 했던 것이다. 온라인 거래에서도 현금 형태의 결제 수단을 쓰고자 하는 수요가 있음에도 각국 정부가 디지털 화폐를 발행하려는 의지를 보이지 않고 있다. 이러한 상황에서 사토시 나카모토가 제안한 암호학의 알고리즘에 기초한 독립적인 디지털 화폐, '비트코인'에 대한 관심도 커졌다. 특히 미국발 금융 위기로 미국 정부가 양적 완화 정책을 취하면서 달러화의 가치가 하락하자, 각국 정부의 통화, 재정 정책으로부터 독립적으로 가치를 지켜낼 수 있는 화폐에 대한 시장의 욕구가 증가하면서 비트코인은 더욱 주목받았다.

비트코인은 어떻게 믿을 수 있는 화폐가 되는가?

이중 결제 방지: 온라인 거래에서 구매자와 판매자는 익명성을 보장받으면서 디지털 서명을 활용하여 비트코인을 주고받는다. 하지만 디지털 재화의 특성상 비트코인이 복제되어 반복적으로 사용되면 이중 결제가 발생할 수 있다. 그렇게 된다면 비트코인에 대한 신뢰는 사라지고 시스템은 붕괴할 것이다. 나카모토는 이중 결제 문제에 대처하기 위해 온라인 분산 원장(거래 정보를 기록한 원장 데이터를 서버가 아닌 참여자들이 공동으로 기록하고 관리하는 기술)의 활용을 제안한다. 신뢰할 수 있고 접근이 용이한 온라인 분산 원장을 통해서 판매자는 구매자가 지불하고자 하는 비트코인을 구매자가 실제 보유하고 있으며 또 다른 거래에서 이미 사용되지 않았음을 검증할 수 있다.

무결성 검증: 그러나 기존 금융기관들의 도움 없이 어떻게 분산 원장의 무결성無缺性을 검증할 수 있을까? 나카모토는 암호학의 알고리즘과 자기 이익을 추구하는 인간의 이기적인 욕구를 결합하여 이 문제를 해결하고자 했다. 비트코인 시스템에서는 구매자와 판매자 사이에 거래가 발생할 때마다 그 거래가 시스템 전체에 공지된다. 그리고 시스템을 구성하는 컴퓨터, 노드node들이 모든 거래를 주기적으로 취합하여 구매자가 그 비트코인을 다른 거래에 이미 사용하지 않았는지

검증한다. 각 노드는 거래를 요약한 숫자열, 해시hash를 먼저 찾아내어 거래의 무결성을 검증하기 위해 경쟁한다. 무결성 검증은 난해한 수학 문제를 풀어가는 과정으로 이루어지며, 검증된 거래는 블록으로 완성되어 기존 블록에 연결되면서 블록체인을 구성한다.

거래의 무결성을 먼저 검증해낸 노드는 보상으로 정해진 양의 비트코인을 획득한다. 보상은 비트코인 50개로 시작해 블록 21만 개가 생성될 때마다 그 수가 반감된다. 반감은 64번 발생할 수 있고 나카모토는 그 과정에서 총 2,100만 개의 비트코인이 생성되도록 설계했다. 노드 간의 경쟁이 끝나고 검증된 작업이 블록으로 완성되면 나머지 노드들은 검증 결과가 타당한지를 확인한다. 이미 승리한 노드에게 보상이 주어진 후에도 나머지 노드들의 재확인 동기는 충분하다. 검증 작업의 부정확성이 확인되면 비트코인을 획득할 수 있기 때문이다. 검증 작업으로 노드에게 보상이 주어질 때도 블록은 생성되어 블록체인에 연결된다. 물론 부정확한 검증 작업을 통해 보상으로 주어진 비트코인은 회수된다.

통화량 조정: 비트코인의 또 다른 장점은 각국 정부의 통화정책에 따라 통화량이 조정되는 명목화폐와는 달리 통화량을 예측할 수 있다는 것이다. 그렇다면 나카모토가 애초에 설정한 대로 2,100만 개의 비트코인이 생성된 이후에는 통화량이 증가하지 못하는 것일까? 나카모토는 비트코인의 가치가 증가함에 따라 기존 비트코인의 단위를 쪼개어 통화량을 증가시킬 수 있는 길을 열어두었다.

노드 간 담합 방지: 일부 노드가 담합을 통해 시스템상의 거래 기록을 조작할 가능성에 대한 우려도 존재한다. 하지만 앞서 설명한 바와 같이 비트코인은 인간의 이기심과 목표 지향성을 통해서 유지되고 성장된다. 여기서 참여자들 간의 협의와 조정은 요구되지 않는다. 거래를 취합하고 검증하여 블록을 생성한 후에 시스템에 알리기만 하면 된다. 시스템 전체의 혼란을 야기하는 담합은 결국 전체 비트코인의 가치 하락으로 이어지기에, 노드 간 담합의 가능성은 작다.

나카모토는 노드 간 담합이 불가능하게 만들기 위해 블록 수가 증가할수록 새로운 블록을 생성하는 데 필요한 계산 용량이 기하급수적으로 증가하도록 설계했다. 담합 노드들의 계산 능력이 시스템에 참여하는 나머지 노드들의 계산 능력을 합친 것보다 뛰어나지 않으면 블록 조작이 불가능하므로, 결국 노드의 담합은 현실적으로 불가능하다.

2010년 플로리다주에 거주하던 프로그래머 라스즐로 핸예츠의 비트코인 1만 개와 피자 두 판을 교환하자는 제의에 18세 소년 제러미 스터디번트가 응하면서 비트코인으로 물리적 상품을 거래하는 최초의 사례가 발생한다. 2022년 3월 기준으로 비트코인 1만 개의 가치는 5,600억 원에 달하니, 5,600억 원에 피자 두 판을 사 먹은 셈이다. 이처럼 비트코인이 소개되고 10여 년이 지나면서 비트코인의 가치는 기하급수적으로 증가했다. 하지만 대다수 경제학자는 비트코인이 기존의 명목화폐와 경쟁할 가능성은 희박하다고 전망하기도 한다. 기존의 명목화폐와 경쟁하려면 가치의 교환과 저장을 위해 통화의 안정성이 필요한데 비트코인은 아직 가치의 변동성이 지나치게 크기 때문이다.

시장은 비트코인의 기반이 되는 기술, 블록체인 그리고 블록체인의 기반이 되는 분산 원장에 주목할 필요가 있다. 블록체인 기술은 향후 플랫폼 경제에서 기하급수적으로 증가하는 관계를 공정하고 생산적으로 관리할 수단을 제공할 것이기 때문이다.

상품과 노동력 등 모든 것이 파편화되어 거래되는 플랫폼에서 수많은 거래 이력을 기록하고 관리하는 데 블록체인을 활용할 수 있다. 2013년 겨울, 러시아 출신 개발자 비탈릭 부테린Vitalik Buterin이 '이더리움'과 관련된 백서 〈차세대 스마트 계약과 분산 응용 애플리케이션 플랫폼A Next Generation Smart Contract & Decentralized Application Platform〉을 발간하면서 거래 수단으로 한정되었던 블록체인 기술을 다양한 분야에 접목하는 길을 열었다. 이른바 '스마트 계약'에 블록체인 기술을 활용하는 것이다.

스마트 계약은 컴퓨터과학자이자 법학자인 닉 자보Nick Szabo가 사업 계약과 컴퓨터 프로그램의 유사성에 착안하여 만들어낸 것으로, 계약 과정에서 발생하는 합의 내용과 합의 내용의 실행 과정을 자동화한 컴퓨터 프로그램이다. 코드에 적힌 조건이 만족되면 그 즉시 계약 과정에서 합의된 내용이 실행된다. 이때 계약 상대방이 믿을 만한 상대인지, 중간에 신뢰를 보증할 수 있는 제삼자가 필요한 것은 아닌지, 계약이 안전하게 처리되었는지 등을 고민할 필요가 없다. 모든 과정은 자동으로 이루어진다.

이더리움은 분권화된 애플리케이션, 즉 스마트 계약을 구동하는 플랫폼이다. 암호화폐 '이더'에 의해 활성화되는 이더리움은 비트코인과 유사한 구조와 구동 방식을 가지고 있지만, 비트코인과는 달리 분권화 게임부터 주식 거래에 이르기까지 다양한 서비스를 참여자들이 개발할 수 있는 강력한 도구를 제공한다. 이더리움은 도로망, 이더리움의 틀 속에서 구동되는 분산형 어플리케이션은 자동차, 이더리움의 틀 속에서 교환되는 암호화폐 이더는 연료로 비유할 수 있다.

인터넷이 상용화되면서 기업은 경계를 허물고 가치사슬의 범위를 세계 시장으로 확대해갔다. 정보 검색, 업무 조정, 계약 등에서 거래 비용이 낮아지면서 기업은 지원 기능뿐만 아니라 핵심 기능과 역량까지도 세계 시장에서 조달할 수 있게 되었다. 시장은 가격에 의해 효율적으로 수급이 결정되는 완전체로 진화해가고 있으며, 그 과정에서 기업들은 외부 거래의 비중을 늘리고 고정 자산을 줄여가면서 급속한 환경 변화에 능동적으로 대응하기 위해 유연한 조직을 만들어가고 있다. 하지만 산업사회에서 유지되어온 위계 구조는 여전히 건재하다. 시장의 혁신을 주도하고 있는 아마존, 구글, 애플, 페이스북과 같은 기업들조차 여전히 위계 구조를 기반으로 조직을 관리하면서 그 단점을 보완하는 방향으로 조직의 생산성 향상을 모색하고 있다.

블록체인의 성장과 블록체인을 기반으로 구동되는 플랫폼은 조직 구조와 가치사슬상의 비선형적 변화를 만들어낼 것이다. 업무를 지시하고 보고하는 체계로 구성된 수직적 구조는 역량과 기여도에 따라 분산된 권한을 바탕으로 자발적으로 소통하고 협업하는 네트워크 구조로 전환되리라 보고 있다. 구성원들은 조직의 관리와 감독에서 벗어나 경쟁과 협업을 통해 본인의 의지와 역량만큼 조직에 기여하고 그만큼 보상받는 새로운 형태의 조직과 만날 것이다. 그리고 유사한 변화는 기업의 경계를 넘어서 시장에서도 만들어질 것이다.

무한한 경험을 제공하는 메타버스

지난 주말에 3,800원을 주고 구매한 명품 브랜드 원피스를 입고 출근했더니 동료들이 다가와 잘 어울린다며 한마디씩 건넨다. 바쁘게 오전 업무를 처리한 후에 가벼운 점심 식사를 마치고 압구정동에 들러 100제곱미터의 땅을 2만 5,000원에 구입한다. 머지않은 미래에 압구정동이 개발되어 투자한 금액의 몇 배 수익을 올릴 수 있기를 기대한다. 퇴근 후에는 얼마 전에 구입했던 뉴욕 땅을 되팔아서 올린 수익으로 명품 브랜드 재킷을 2,300원에 구매한다. 집에서 저녁 식사를 한 후, 자주 가는 카페에 들러 친구들과 수다를 떨며 시간을 보낸다.

1970년대 재벌 2세의 삶이 아니다. 21세기 '메타버스'에서 누구나 누릴 수 있는 삶이다. 초월이라는 의미를 지닌 메타meta와 현실세계를 의미하는 버스verse의 합성어인 메타버스는 소설《스노 크래시》에 처음 등장한 용어로 현실세계와 가상세계의 연결을 의미한다. 미국의 비영리 기술연구단체인 가속연구재단ASF은 메타버스를 "현실세계와 가상세계의 교차점, 결합, 수렴"이라고 정의하기도 했다.

네이버에서 운영하는 메타버스 플랫폼, 제페토는 명품 브랜드와의 협업을 통해 현실에서는 한 벌에 1,000만 원까지도 하는 원피스를 3,800원에, 재킷을 2,300원에 판매하고 있다. 사용자들은 구매한 의류로 아바타를 꾸밀 수 있다. 또 메타버스에서는 아바타를 꾸미는 아이템뿐만 아니라 가상의 부동산도 거래한다. 전 세계 지역 정보를 제공하는 구글 어스Google Earth를 토대로 2021년 출시된 가상 부동산 거래 게임, 어스2Earth2에서는 지도에 보이는 땅을 1제곱미터 넓이로 쪼개어 사고파는데, 신용카드를 이용해 땅을 살 수 있으며 값이 오르면 현금화도 가능하다. 게임이 처음 출시되었을 때 전 세계 땅 가격은 1제곱미터당 0.1달러였지만 1년이 지난 뒤 한국의 땅 가격은 1제곱미터당 22.7달러로 미국에 이어 두 번째로 높은 수준을 유지하고 있다.

코로나19로 대면 소통이 수월하지 않은 상황에 젊은 세대를 중심으로 많은 인구가 대면 소통에 대한 욕구를 메타버스를 통해 채워가면서 메타버스는 점점 더 빠르게 성장하고 있다. 사람들은 캠퍼스, 공원, 카페, 클럽 등 익숙한 공간을 메타버스에 구현하고 아바타로 분한 뒤에 그곳에서 만난다. 한편 청년 실업률 증가, 부동산 가격 급등 등으로 인해 미래에 대한 희망을 잃고 현실세계에서 상대적 박탈감을 느끼는 젊은이들도 현실에서 경험하기 어려운 세상을 경험할 수 있는 메타버스로 몰려들고 있다.

최근 미국 10대 사이에선 '로블록스Roblox'라는 메타버스 서비스가 신드롬 수준의 인기를 얻고 있다. 로블록스에서는 3D 아바타로 다른 사람이 만들어놓은 게임을 즐기거나, 본인이 직접 게임이나 콘텐츠를 만들어 판매할 수도 있다. 전 세계 1억 5,000만 명의 이용자가 로블록스를 즐기고 있으며, 만 9~12세 미국 어린이의 3분의 2, 16세 이하 청소년의 3분의 1이 로블록스의 팬이다. 응용 소프트웨어 분석업체인 센서타워에 따르면 지난해 미국의 10대들은 하루에 156분 로블록스에 접속하면서, 유튜브(54분), 인스타그램(35분)의 이용 시간을 크게 앞섰다.

국내에는 네이버제트에서 운영 중인 '제페토'가 있다. 제페토에서는 인공지능 얼굴 분석과 모델링 기술을 활용해 자신의 아바타를 만든 후에 다양한 가상현실을 경험할 수 있다. 현재 누적 가입자가 2억 명을 넘어섰고 이 가운데 80퍼센트는 10대 청소년 이용자다. 해외 이용자 비중이 90퍼센트에 달해 국내보다 해외에서 더 유명하다. 지난해 제페토에서 진행된 블랙핑크 가상 사인회에는 무려 5,000만 명에 달하는 이용자가 참여해 블랙핑크 아바타와 사진을 찍는 모습을 연출했다.

이렇게 메타버스 사용자들이 늘어나면서 기업들은 자사 제품을 메타버스에서 사용 가능한 아이템으로 판매하여 수익을 올리면서 현실세계에서의 매출을 늘리기 위한 마케팅 수단으로 활용하고 있다. 구찌와 나이키 같은 브랜드는 제페토와 제휴하여 아바타용 패션 아이템을 판매하기도 하고, 제페토를 브랜드 홍보 전용 공간으로 활용하기도 한다. 이뿐만이 아니다. 최근 메타버스는 젊은 세대를 대상으로 하는 게임, SNS, 마케팅 수단 등의 기능을 넘어 제조 생산, 금융, 교육, 방송 미디어, 문화 예술 등 일과 삶의 전 영역으로 기능을 확장해가고 있다.

취업포털 인크루트가 2021년 발표한 〈기업의 메타버스 활용 사례〉를 살펴보면 대기업의 59퍼센트, 중견기업의 37퍼센트, 중소기업의 26.7퍼센트가 메타버스를 현업에서 활용하고 있으며, 대기업은 채용설명회, 신입사원 연수 등을 주목적으로, 중견기업과 중소기업은 원격근무와 사내 교육을 주목적으로 활용하고 있다.

메타버스를 활용하고 있는 기업의 86퍼센트는 메타버스 활용에 대해 긍정적인 시각을 가지고 있으며, 출퇴근 시간 절감 등 근로자의 워라벨 향상, 코로나, 독감 등 질병 감염 예방, 사무실 운영비 절감에 긍정적인 효과가 있다고 답했다. 반면 14퍼센트는 부정적인 시각을 가지고 있으며, 대면 근무와 비교해 메타버스를 활용한 원격근무의 생산성이 떨어진다고 지적했다.

> 메타버스의 강점은 현실세계를 가상세계에 옮겨놓고 공급자와 사용자가 상호작용을 하면서 합리적인 의사결정을 하기 위한 다양한 실험을 해나갈 수 있다는 데 있다.

메타버스는 플랫폼이 디지털 공간에서 구동될 때 가질 수 있는 단점들을 보완해가면서 플랫폼 참여자의 상호작용과 거래의 품질을 높여갈 것이다.

그러나 메타버스 또한 악용의 소지가 있다. 메타버스가 물리적인 한계를 넘어 보다 생산적인 소통이 가능한 공간, 낮은 비용으로 다양한 실험이 가능한 공간으로 성장해가기 위해서는 유해물 제작 및 유통, 불법 거래, 탈세 등 메타버스에서의 불법 행위를 규제할 수 있는 제도적 보완을 통해 역기능을 최소화해야 한다. 또한, 현실세계로부터의 도피가 메타버스의 성장 동력이 되어서는 곤란하다. 지나치게 가상세계에 몰입하면 가치관과 정체성에 혼란을 초래할 수 있다. 현실세계에서의 건강한 삶에 뿌리를 두고, 생산성 향상의 도구로서 가상세계를 보완적으로 활용할 방법을 찾아야 한다.

플랫폼의 5가지 성공 요인

플랫폼은 사용자와 공급자가 상호작용을 하면서 각자의 다양한 욕구를 충족해나가는 장이다. 일상 속 플랫폼의 대표적인 예로 학창 시절에 주로 경험하는 미팅이 있다. 미팅은 가장 기본적인 플랫폼 구조를 이룬다. 남성과 여성이 모여서 식사도 하고 대화도 나누면서 각자의 욕구를 충족하는 공간이기 때문이다. 이때 미팅 참여자는 공급자이자 사용자이며, 미팅 주선자는 플랫폼 운영자에 해당한다. 미팅에서 일어나는 일들을 살펴보면 플랫폼을 기반으로 사업을 시작하면서 고려해야 할 요인을 알 수 있다.

첫 번째 요인: 임계점과 킬러콘텐츠

남학생 3명과 여학생 3명이 미팅을 하고 있다. 그런데 한 여학생의 표정이 좋지 않다. 주선자로부터 각각 5명의 남학생과 여학생이 참여한다는 말을 듣고 자리에 나왔는데, 실제로는 3명씩 참여한 미팅이었기 때문이다. 그 여학생은 상대가 5명이 아닌 3명이면 이상형을 찾을 확률이 그만큼 줄어들 수 있다고 생각한 것이다.

한편, 한 남학생은 같은 친구가 주선한 다른 미팅에서 만났던 여학생을 발견한다. 구면인 둘은 멋쩍은 표정을 짓는다. 그들은 주선자의 부탁에 못 이겨 미팅에 참여한 상황이다. 주선자는 두 사람이 와준다면 다른 학생들이 미팅에 참여하도록 설득하기가 더 수월해진다고 했다.

미팅 참여자들이 원하는 상대를 만날 수 있는 확률을 높이기 위해 일정 수 이상의 참여자가 필요하듯이, 플랫폼을 활성화하기 위해서는 일정 수 이상의 참여자를 확보해야 한다. 이를 플랫폼의 '임계점'이라고 하는데, 플랫폼이 임계점에 도달해야 공급자도 사용자도 서로가 원하는 경우의 수를 찾을 확률이 커진다. 역사상 가장 위대한 세일즈맨은 초기 전화기 시장의 세일즈맨이라는 말이 있다. 당시 전화기 구매로 얻을 수 있는 이익은 극히 적었기 때문이다. 플랫폼을 구축해서 임계점에 도달한다는 것은 어쩌면 그만큼 어려운 일이다.

우선 시장에 존재하는 고객의 문제를 정의하고 문제를 해결하기 위해서 공급자와 사용자가 상호작용을 통해 교환할 수 있는 가치를 명확하게 정의해야 한다(물론 상호작용 과정에서 공급자와 사용자의 역할 그리고 범위를 명확히 정의하는 노력도 필요하다). 그리고 작은 영역 또는 지역에서 성공을 만들어냄으로써 플랫폼 참여자들에게 윈윈 할 수 있다는 확신을 심어주어야 한다. 배달의민족은 신촌 지역에서 자취 생활을 하는 대학생들에게 음식을 배달하는 서비스로 사업을 시작했고, 미국의 집카는 자가운전이 아니면 이동이 쉽지 않지만 주차 공간은 비교적 수월하게 확보할 수 있었던 대도시 주변의 대학가에서 시간제로 차량 공유 서비스를 시작했으며, 에어비앤비는 호텔 가격이 비싼 샌프란시스코를 중심으로 여행객들에게 숙박 시설을 공유하면서 사업을 시작했다.

플랫폼을 구축하고 활성화하는 단계에서는 시장에서 확실한 수요를 가진 참여자 또는 참여자가 제공하는 콘텐츠를 확보하는 노력이 필요하다. 미팅의 사례에서 주선자의 부탁을 거절하지 못해 미팅에 참여한 매력적인 두 학생은 주선자의 관점에서 확실한 시장을 가지고 있는 킬러 애플리케이션 또는 킬러 콘텐츠일 것이다. 세계 최대 전자상거래 업체 아마존도 창업 당시 이런 킬러 콘텐츠, 즉 시장은 적지만 확실한 수요가 있는 희귀 서적과 희귀 음반 시장에서 사업을 시작했다.

시장에서뿐만 아니라 조직 내에서 구축된 다양한 플랫폼이 자리를 잡지 못하는 경우를 살펴보면, 공급자와 사용자가 플랫폼을 통해서 취할 수 있는 가치가 명확히 정의되지 못한 경우가 많다. 다시 말해 플랫폼에 참여해야 하는 명확한 이유를 제시하지 못한 것이다. 플랫폼에서 교환될 수 있는 가치는 실로 다양하다. 대부분 상품과 다양한 형태의 화폐가 교환되지만, 소통의 공간을 제공

하는 페이스북이나 트위터와 같은 플랫폼에서는 생산된 콘텐츠
와 관심, 명성, 영향력, 평판 등도 교환된다.

두 번째 요인: 정보 교환과 추천 기제

하지만 곧 어수선했던 분위기는 사라지고 미팅 참여자들은 밝은
표정으로 끊임없이 서로에게 질문을 던지며 상대를 알아가고자
노력한다. 미팅에 참여한 이성 중 본인의 이상형에 가장 가까운 상
대를 찾기 위한 노력을 시작한 것이다. 음식과 음료는 미팅에 참가
한 학생들이 보다 편안하게 대화를 나누면서 서로를 알아갈 수 있
는 분위기를 만들었다.

임계점에 도달하기 위해 플랫폼은 참여자 간의 가치 교환을 위
한 정보 공유가 원활하게 이루어질 수 있도록 지원해야 한다. 가
치를 교환하는 과정에서 필요한 데이터를 수집, 분류, 분석, 해석
하는데 효과적인 알고리즘이 설계되어야 하며, 참여자들이 적극
적으로 정보를 공유하고 플랫폼의 추천 기제를 활용하도록 유도
해야 한다. 어떤 플랫폼은 게임 형태를 빌려 재미 요소를 담아 참
여자들의 정보를 수집하기도 하고, 어떤 플랫폼은 참여자들에게
까다로운 회원 가입 절차 대신에 기존에 사용하고 있는 카카오톡
이나 페이스북, 인스타그램 등의 SNS 계정을 통해서 플랫폼에 참

여하도록 함으로써 해당 계정을 개설할 때 참여자가 입력한 정보를 수집하기도 한다.

또한 참여자들이 신뢰할 수 있는 정교한 추천 기제를 제공해야 한다. 시간과 공간의 물리적 제약을 극복하면서 인터넷을 통해 운영되는 데이팅 앱은 주변 지인의 소개로 이루어지는 미팅에 비해서 더 다양한 만남의 기회를 제공한다. 하지만 데이팅 앱을 통해 이상형을 만날 수 있는 확률은 미팅을 통해 이상형을 만날 수 있는 확률보다 낮을 수 있다. 데이팅 앱의 알고리즘보다 미팅 주선자가 이성에 대한 참여자의 취향을 더 잘 파악하고 있기 때문이다. 또한 미팅이라는 물리적인 만남을 통해서 미팅 참여자들은 상대를 더욱 자세히 파악할 기회를 얻기 때문이다. 데이팅 앱의 추천 알고리즘을 미팅 주선자의 직관만큼 신뢰할 수 있을 때, 데이팅 앱은 임계점에 도달할 수 있다.

세 번째 요인: 긍정적 네트워크 효과

같은 장소에서 또 다른 미팅이 진행되고 있다. 그런데 테이블을 살펴보니 남학생은 6명인데 여학생은 4명이다. 남학생들은 못마땅한 표정을 짓고, 여학생들은 상황을 즐긴다. 한 남학생이 미팅 주선자에게 연락해서, 4명씩 참여하기로 한 미팅인데 남학생 2명이 더 참석한 이유를 따져 물으면서 여학생 2명을 더 섭외해달라고 다그친다. 하지만 주선자는 오늘 미팅에 참석한 한 여학생을 만나고 싶어 하는 남학생 2명이 자신의 만류에도 미팅에 참석한 것이라는 해명과 함께 급하게 2명의 여학생을 섭외하는 것은 불가능하다고 말한다. 결국, 남학생들은 혼자 남겨지지 않기 위해 경쟁적으로 여학생들에게 매력적인 모습을 보이려고 노력하고, 여학생들은 대화를 이어가며 느긋한 모습으로 맘에 드는 남학생을 고른다.

한편 모든 플랫폼은 공급자 측면과 사용자 측면을 가진 양면 구조로 구성되기에 임계점에 도달한 뒤에도 공급자와 사용자의 수가 균형적으로 증가할 때 선순환 구조가 만들어지면서 지속해서 성장할 수 있다. 한쪽만 증가할 경우 초기에는 긍정적 교차 측면 네트워크 효과가 나타나면서 교차 측면 참여자들이 낮은 비용으로 원하는 가치를 제공받을 수 있지만 동일 측면 참여자들 간의 경쟁이 지나치게 심화되면서 부정적 동일 측면 네트워크 효과가 만들어진다. 경쟁을 이겨내지 못한 동일 측면 참여자들이 플랫폼을 떠나기 시작하면 결국 교차 측면 참여자는 높은 비용을 지불하고도 원하는 가치를 제공받기 힘든 상황에 놓이고 공급자도 사용자도 썰물처럼 플랫폼을 빠져나갈 것이다.

승차 공유 플랫폼의 경우로 생각해보자. 탑승자의 수에 비해 운전자의 수가 지나치게 많아지면 초기에는 탑승자들의 대기 시간이 줄어들고 운전자들의 경쟁으로 낮은 가격에 서비스를 이용할 수 있겠지만, 대기 시간이 늘어나고 수익이 악화되면서 운전자들이 점점 플랫폼을 떠날 것이다. 그리고 운전자가 부족해지면서 대기 시간이 늘어난 탑승자들은 이를 줄이기 위해 경쟁적으로 높은 가격을 지불하게 된다.

플랫폼을 구축하는 과정에서 특정 측면 참여자를 먼저 유인하느냐, 아니면 양측 참여자를 동시에 유인하여 사업을 시작하느냐의 문제는 공급자와 사용자 수를 균형적으로 증가시키는 문제만큼이나 어려운 문제다. 한 집단에게 먼저 혜택을 제공하면서 기반을 확대하고 기존 참여자와 이해관계가 있는 집단을 유인하여 서로 가치를 교환하는 환경을 구축하는 방법이 바람직하게 여겨지지만, 모든 플랫폼에 적용할 수 있는 방법은 아니다.

그런데 특정 측면의 참여자를 먼저 유인한다고 할 때 그 비용은 운영자가 지불하는 경우가 대부분이다. 이 비용은 어떻게 회수할까? 인터넷 신문 〈허핑턴포스트〉는 초기에 역량 있는 필자들을 고용해서 게재한 양질의 포스트를 통해 독자들을 유인했으며, 유입된 일부 독자들이 포스트를 게재하면서 점진적으로 콘텐츠가 생산되고 소비되는 선순환 구조가 만들어졌다. 이어서 〈허핑턴포스트〉는 일부 콘텐츠에 대한 유료 서비스와 광고 수익을 통해서 초기 투자 비용을 회수했다.

미국의 식당 예약 서비스 업체, 오픈테이블OpenTable은 식당에서 유용하게 사용할 수 있는 예약 관리 프로그램을 업주들에게 제공하면서 식당을 유인했다. 식당의 수가 충분히 증가하자 예약할 수 있는 식당의 선택 폭이 넓어지면서 식당 예약을 위한 고객들이 유입되었고, 오픈테이블은 자신들의 플랫폼을 통해서 진행된 예약 건에 한해 식당으로부터 수수료를 받아 초기 투자 비용을 회수했다.

물론 양면 참여자들의 유입을 동시에 유도하는 전략도 유효하다. 인디고고, 킥스타터, 와디즈 같은 크라우드펀딩을 위한 플랫폼은 투자가 필요한 생산자가 잠재적 투자자와 효과적으로 소통할 수 있는 공간을 마련해주고 생산자가 직접 투자자를 모으고 투자를 유치할 수 있도록 지원한다. 트위터처럼 이벤트를 통해서 일순간에 폭발적으로 양면 참여자들의 수를 늘리는 빅뱅 전략도 고려해볼 수 있다. 트위터는 서비스를 시작하면서 정보기술, 영화, 음악을 아우르는 세계적 축제인 '사우스 바이 사우스웨스트 sxsw'에 참가해 행사장 주 통로에 대형 모니터 한 쌍을 설치하고 축제 참가자들이 트위터를 통해서 주고받은 다양한 의견을 모니터에 띄움으로써 참가자들이 축제에 대한 다양한 의견을 교환하면서 축제를 즐길 수 있도록 했다. 그 결과 축제가 진행되는 동안 하루 트윗 수는 2만에서 6만으로 3배나 증가했다.

네 번째 요인: 품질 관리

식사와 함께 대화가 이어지면서 한 여학생이 웃음을 감추지 못하며 누군가를 계속해서 응시하고 있다. 매력적인 이상형을 찾은 듯하다. 하지만 나머지 여학생 몇 명은 대화에 흥미를 잃은 듯 계속 휴대전화를 쳐다보고 있다. 휴대전화를 보며 식사에만 집중하는 여학생들에게 끊임없이 대화를 시도하는 남학생들이 안쓰러워 보인다. 한 여학생은 식사를 하면서 주선자에게 다시는 미팅에 초대하지 말아달라고 카톡을 보낸다.

참여자의 수가 많다고 해서 모든 참여자가 원하는 경우의 수를 만날 수 있는 것은 아니다. 플랫폼이 임계점에 도달하는 과정에서 운영자는 참여자의 수를 늘리는 노력과 동시에 확실한 품질 관리가 이루어지도록 해야 한다. 교환되는 가치에 대한 품질 관리뿐만 아니라 원하는 가치를 교환하는 과정에서 발생하는 상호작용에 대한 품질 관리도 필요하다.

세계 최초의 비디오게임 회사 아타리Atari는 오늘날 애플이 운영하는 앱스토어와 같은 플랫폼 비즈니스모델을 이미 오래전에 구현했지만 적절하지 못한 품질 관리로 쇠락의 길을 걸었다. 아타리는 소프트웨어를 갈아 끼우면 여러 종류의 게임을 즐길 수 있는 게임기를 최초로 시장에 소개하고, 기기의 사용자 기반을 확대하기 위해서 누구나 소프트웨어를 만들어 직접 판매할 수 있는 권한을 준 뒤 수익금을 아타리와 나누어 가지도록 했다. 초기에는 다양한 양질의 소프트웨어가 시장에 공급되면서 기기의 시장 점유율이 게임기 시장의 80퍼센트에 육박했지만, 경쟁이 심해지면서 가격이 하락하고 원가 절상의 압력을 이기지 못한 소프트웨어 제작자들이 불량 소프트웨어를 양산하면서 점유율이 급속하게 떨어지고 말았다.

플랫폼 기반의 비즈니스모델은 개방을 통해 외부의 자산과 역량을 활용하여 가치사슬을 운영함으로써 자산과 역량을 확보하기 위한 투자 위험도를 낮추면서 네트워크 효과를 기반으로 범위의 경제 효과를 누릴 수 있다. 하지만 가치사슬의 전 과정을 직접 통제하지 못하기 때문에 품질의 문제가 생길 수 있다는 약점이 있다. 따라서 플랫폼의 성장 속도와 품질 수준을 적절히 고려하여 개방성의 수준을 유지할 필요가 있다.

아마존도 사업 초기에는 재고를 관리하지 않고 공급자와 소비자를 연결시켜주고 외부 배송 업체를 통해서 주문된 도서와 음반을 배송했다. 하지만 매출이 증가하고 취급하는 품목이 다양해지면서 판매되는 상품과 판매 과정에서 발생하는 상호작용의 품질 관리를 위해 공급자로부터 상품을 구매해서 재고를 관리하면서 소비자에게 상품을 판매했다. 현재는 품목의 판매 수량과 빈도에 따라 일부는 재고 관리를 통해서, 일부는 공급자와 소비자 사이의 직거래를 통해서 상품을 판매하고 있다.

한편 품질 관리를 위해 지나치게 폐쇄적으로 플랫폼을 운영할 경우, 참여자가 요구하는 다양한 가치를 창출하는 공간으로 진화해나가는 데 어려움을 겪을 수 있다. 미국의 SNS 마이스페이스MySpace가 그 예다.

마이스페이스는 2003년 설립된 이후 수년간 미국에서 가장 인기 있는 사이트였지만 페이스북의 등장과 함께 기억 속으로 사라지고 말았다. 마이스페이스는 SNS를 구성하는 핵심 기능을 정의하고 거기에 집중했다. 모든 기능은 자체 인력과 기술을 통해서 구축하고 운영했다. 그러나 서비스를 제공하는 과정에서 내부 역량의 한계로 인해 자주 오류가 발생했고 참여자들은 실망하기 시작했다. 한편 마이스페이스가 선택하고 집중해서 구축하고 운영했던 기능 이외에 다양한 부가기능을 원하는 참여자들이 생겨났음에도 마이스페이스는 오류를 수정하고 부가적인 서비스를 개발하고자 하는 의지와 역량을 지닌 참여자들의 노력을 철저하게 차단했다. 결국 마이스페이스는 시장으로부터 외면받기 시작했다.

마이스페이스보다 뒤늦게 출발했던 페이스북은 유사한 상황에 직면하자 플랫폼을 적극적으로 개방하고 서비스 과정에서 발생하는 오류도 참여자의 도움을 받아 빠르게 수정해나갔다. 참여자들이 제안하는 다양한 기능을 그들 스스로 개발하여 탑재할 수 있는 기술적인 환경과 보상 체계를 구축함으로써 고객 친화적인 SNS로 진화했고, 다양한 영역으로 서비스를 확장해나갔다.

물론 개방도 폐쇄도 정답이 될 수 없다. 상황에 따라 개방성의 수준을 조정해야 한다. 하지만 그 정도 접근만으로 기대 품질 수준을 유지할 수는 없다. 참여자에 대한 적절한 보상 기제는 적절한 개방성의 수준만큼이나 품질 관리에 영향을 미치는 중요한 요인이다.

플랫폼 기반 의류 생산 기업 리앤펑은 품질 관리를 위해서 30:70 법칙을 고수한다. 협력업체의 생산량 중 30퍼센트에 대해서는 지속적인 구매를 보장하는 한편, 70퍼센트 이상은 구매하지 않는다는 것이다. 이를 통해 협력업체가 안정적으로 사업을 할 수 있는 기반을 마련해주는 동시에 리앤펑에 대한 의존도를 낮추어 품질 개선 및 신제품 개발을 게을리하지 않도록 관리한다.

다섯 번째 요인: 매력

한 여학생은 마냥 행복해 보인다. 미팅에 참여한 남학생들에게는 별 관심이 없지만, 오랜만에 미팅에 참여해 다양한 사람들과 만나고 식사를 하면서 대화를 나누는 것만으로도 충분히 만족스러워하고 있다. 주문한 파스타와 수제 생맥주의 사진도 SNS에 올린다.

유사한 서비스를 제공하는 플랫폼 간의 경쟁에서 살아남기 위해서는 플랫폼을 기반으로 교환되는 가치에 대한 명확한 정의, 가치를 교환하기 위한 참여자의 역할과 상호작용에 대한 명확한 정의 그리고 상호작용에 대한 품질 관리도 중요하다. 하지만 플랫폼에 참여해 가치를 추구하는 과정에서 누릴 수 있는 재미 등의 매력도 중요한 요소임을 기억해야 한다.

최근 다양한 업종의 플랫폼에서 활용되고 있는 캐릭터도 한 예가 될 수 있다. 2017년 출범한 인터넷전문은행 카카오뱅크는 라이언, 어피치 등 카카오프렌즈 캐릭터가 그려진 체크카드를 출시하면서 두 달 만에 280만 장 넘는 발급 신청을 받았다. 보통 한 종의 카드가 연간 100만 장 이상 발급되기 어렵다는 점을 고려하면 기록적이다. 온라인에는 카드 물량 부족으로 4주 만에 카드를 발급받은 사용자들이 후기 글을 쏟아내기도 했다.

해당 카드의 경우 20대와 30대 신청자가 전체의 70퍼센트를 차지하면서 실제 사용하는 비율은 높지 않을 것이란 관측도 있었지만, 발급된 카드의 사용률은 평균 51.2퍼센트로 타 카드사 사용률에 비해 높은 축에 속한다. 매일 사용하는 카카오톡이라는 메신저 서비스에 등장하는 캐릭터에 대한 감정이입과 신뢰도가 카드의 발급과 사용으로 이어진 것이다. 카카오프렌즈 캐릭터는 카카오가 향후 플랫폼을 통해 다양한 영역으로 사업을 확장해가는 과정에서 플랫폼을 차별화할 수 있는 도구가 될 것이다.

스토리 기반의 상호작용도 캐릭터만큼 참여자들에게 매력적인 요소가 될 수 있다. 마켓컬리는 인스타그램의 감성이 묻어나는 고급스러운 상품 이미지와 고객의 관점에서 상품에 대한 경험을 중심으로 에세이처럼 상품을 소개하는 큐레이션은 쇼핑의 즐거움을 제공하고 구매욕을 자극한다.

한 땅콩버터의 상품 소개를 예로 들어보자. "기껏 사놓고 손이 자주 안 가는 식재료가 생기기 마련이죠. 그렇게 냉장고 어느 한 구석에서 잠든 음식들 사이, 땅콩버터가 껴 있는 경우가 많습니다"라는 문구로 시작하는 큐레이션과 함께 재료의 성분 분석과 활용법을 소개하는데, 땅콩버터의 고칼로리 저영양 이미지를 개선하고 알려지지 않은 다양한 활용법을 설명하는 데 초점을 맞춘다. 이후 창업 스토리를 포함한 흥미로운 브랜드 소개가 이어진다. 사용자들은 해당 상품 소개를 통해서 식재료에 대한 풍부한 정보와 다양한 조리법을 접할 수 있으며, 식재료 시장의 흥미로운 이야기도 즐길 수 있다.

재미만큼이나 참여자들을 확보하고 유지하는 데 효과적인 수단은 플랫폼 참여자로서 느낄 수 있는 소속감과 자부심이며, 다른 참여자들의 관심, 인정, 좋은 평판도 중요한 매력 요소다.

지역 기반의 중고 물품 직거래 플랫폼 당근마켓은 이런 매력 요소가 충분한, 일상의 대표적인 플랫폼이다. 사용자들은 GPS로 거주지를 인증받은 뒤 등록한 거주지로부터 일정 반경 내에서 중고 물품을 직거래할 수 있다. 당근마켓을 통해서 참여자들은 동네 주민들과 소통하며 물건을 거래한다. 판매나 기부를 통해서 취할 수 있는 금전적 이익이나 심리적 만족감이 물건을 소유하면서 만들어낼 수 있는 가치보다 크다고 느끼는 참여자와, 새롭게 구매하는 물건의 가치가 구매를 위해 지불하는 비용보다 적다고 느끼는 참여자가 상호작용을 통해 화폐와 중고 물품을 매개체로 가치를 교환한다. 협력적 소비의 노력이 미니멀 라이프를 추구하는 삶과 어우러지면서 당근마켓의 주간 이용자 수는 2022년 1,500만 명을 넘어섰다.

하지만 당근마켓에 모여든 많은 참여자가 그곳을 떠나지 않고 끊임없이 가치를 만들어내는 이유는 그들이 교환할 수 있는 가치 그리고 가치를 교환하기 위한 참여자 간의 상호작용이 명확히 정의되어 있기 때문만은 아니다. 상호작용을 통해서 쌓여가는 주변의 평판을 관리하는 기제도 당근마켓에 머물 이유를 제공한다. 많은 참여자가 새로운 거래 기회를 얻기 위해 상대로부터 좋은 평판을 얻기 위해 노력한다. 그들은 그러한 노력으로 쌓인 평판으로 거래의 기회를 얻을 수 있을 뿐만 아니라 그런 평판을 가졌다는 사실 자체에 자긍심을 느낀다.

플랫폼을 활성화하고 지속적으로 성장시키기 위해서는 플랫폼을 통해서 참여자들이 교환할 수 있는 가치가 명확하게 정의되어야 한다. 그리고 가치를 교환하기 위해 요구되는 원활한 상호작용을 지원하기 위해 시장에 소개되는 다양한 신기술을 적극적으로 활용해야 한다. 인공지능, 빅데이터, 블록체인, 양자컴퓨터 등의 신기술이 접목된 플랫폼은 물리적 제약들을 극복하면서 상상만 으로 가능했던 다양한 비즈니스모델을 구현할 수 있다. 이러한 플 랫폼을 기반으로 한 비즈니스모델 혁신, 플랫포노베이션은 새로 운 성장의 계기를 만들어낼 것이다.

- 효율적인 공급을 위해 인위적으로 구분된 영역 간의 경계가 플랫폼 기반의 융복합으로 허물어지면서 새로운 시장이 출현하고 있다. 성공적인 시장 개척을 위해서는 기존 시장의 사업자 및 종사자와 상생할 수 있는 길을 모색하는 노력이 필요하다.

- 다양한 경험을 소비하기 위해 고정 자산을 줄여가는 소비자와 용이한 위험 관리를 위해 고정 자산을 줄여가는 기업이 늘어나면서 제품의 판매가 아닌 수명주기관리를 통해서 수익을 만들어내는 비즈니스모델이 주목받고 있다. 제조업과 서비스업의 구분은 점점 모호해질 것이다.

- 예측이 아닌 플랫폼 기반의 실험을 통해 대안을 찾아가는 과정에서, 사용자와 공급자 간의 자율적인 상호작용은 '자기조직화(구성 요소들이 자발적으로 질서를 만들어내는 현상)'에 의해 실험 비용을 줄이고 플랫폼을 효율적으로 운영할 수 있는 알고리즘을 도출할 것이다.

- 양자컴퓨터의 출현은 상황에 최적화된 경우의 수를 찾아내는 실험의 속도를 획기적으로 높여 참여자들이 최고의 선택을 할 수 있는 확률을 높여줄 것이다.

- 블록체인은 플랫폼 경제에서 기하급수적으로 증가하는 계약을 공정하고 생산적으로 관리할 수단을 제공할 것이다.

- 비대면 소통의 효율성과 대면 소통의 효과성을 동시에 취할 수 있는 공간, 메타버스는 낮은 비용으로 다양한 경험을 디자인할 수 있는 공간을 제공할 것이다.

- 디지털 트랜스포메이션은 다양한 디지털 기술을 접목하여 이전에는 실현할 수 없었던 비즈니스모델을 시장에서 구현해 플랫폼을 기반으로 전개되는 혁신의 성과를 극대화해 갈 것이다.

- 플랫폼의 참여자 수가 임계점에 도달하기 위해서는 참여자들이 교환할 수 있는 가치를 명확하게 정의하고 가치를 교환하는 과정에서 필요한 정보가 원활하게 공유될 수 있는 환경을 제공해야 한다. 또한 긍정적 네트워크 효과를 기반으로 플랫폼이 지속적으로 성장하기 위해서는 체계적인 품질 관리를 통해 사용자와 공급자의 수를 균형적으로 늘리는 노력이 필요하다.

PLATFORNOVATION

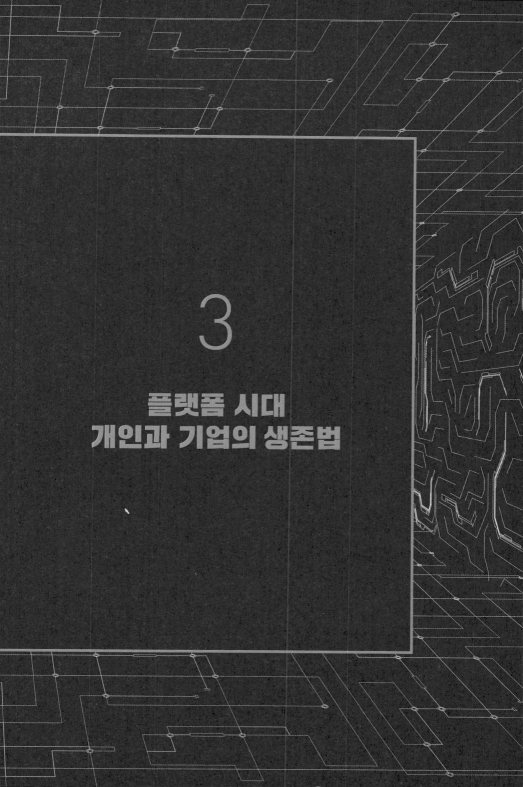

3

플랫폼 시대
개인과 기업의 생존법

5

플랫폼 비즈니스의
승자는 누구인가

- 사과가 가장 좋은 소통 방법이 될 수 있다?
- 이기적인 사람들이 어떻게 상생하는 플랫폼을 만들까?
- 에비앙이 최초이자 최고의 생수가 될 수 있었던 비결은?
- 젊은 세대가 조직의 머리가 되어야 하는 이유는?

코로나19가 전 세계로 확산되면서 우리는 한 치 앞도 보이지 않는 '초불확실성의 시대'에 들어섰다. 기업들은 지금까지 겪어보지 못한 위기에 고군분투하면서도 당연하게 여기고 습관적으로 행해왔던 것들을 돌아보며 새로운 접근법을 모색하고 있다. 기업이 이해관계자의 습관을 바꿀 수 있다면 위기는 기회가 될 것이다. 소비자의 습관을 바꾸어 새로운 시장 기회를 만들 수도 있고, 조직의 습관을 바꾸어 부정적인 기업 문화를 변화시킬 수도 있다.

1991년 경북 구미의 두산전자 공장에서 유출된 페놀이 낙동강 상류로 흘러 들어가면서 상수원이 오염되는 사고가 일어났다. 이 사고는 환경 위기를 초래했지만, 수돗물이나 지하수를 식수로 사용하던 시민들의 습관을 바꾸어 국내 생수 시장이 성장하는 계기를 마련했다. 1970년대 생수 생산이 시작된 이후 20년 동안 금지되었던 국내 시판이 이 시기에 허용됐다.

펩시가 코카콜라를
뛰어넘지 못하는 이유

우리는 왜 위기가 닥치기 전에는 바뀌지 않을까? 대부분의 의사결정은 논리 대신 경험으로 형성된 직관으로 이루어진다. 제대로 살펴보지 않고 익숙한 것만 선택하는 것이다. 노벨경제학상을 수상한 경제학자 대니얼 카너먼은 이러한 현상을 '대표성 추단법'이라는 이론으로 설명한다. 펩시와 코카콜라가 대표적이다.

탄산음료 시장에서 코카콜라와의 점유율 격차를 좁히지 못하던 펩시는 소비자가 맛이 아니라 습관 때문에 코카콜라를 선택한다는 분석 결과를 토대로 1975년 '펩시 챌린지'를 시도했다. 행인들에게 상표를 가린 두 가지 콜라를 마시게 하고 선호하는 쪽을 선택하도록 한 것이다. 절반 이상의 참가자들이 펩시를 선택했고 펩시는 캠페인의 진행 과정과 결과를 TV 광고로 송출했다. 그리고 4년 후 미국 시장에서 펩시의 판매량은 코카콜라의 판매량을 잠시 앞지르기도 했다.

하지만 상표를 가리지 않고 행해진 여러 실험에서는 여전히 다수의 참가자가 코카콜라를 선택했다. 캠페인의 효과도 지속되지 않았고, 펩시는 끝내 1등으로 올라서지 못했다. 대부분 소비자가 맛이 아닌 1등 제품에 대한 기대감과 브랜드가 주는 청량감으로 코카콜라를 선택했으며, 반복적인 선택이 습관이 되어버린 것이다.

또 시민들의 인식 변화는 맥주 시장에서도 변곡점을 만들어냈다. 만년 2등 제품인 크라운을 생산하던 조선맥주가 "지하 150미터의 100퍼센트 천연 암반수로 만든 순수한 맥주, 하이트"라는 광고 문구와 함께 하이트를 출시하면서 1등 제품인 OB를 생산하던 동양맥주와의 경쟁에서 처음으로 우위를 점한 것이다.

코로나19로 인한 경기 침체 속에서도 위기를 기회로 만들어 약진한 기업들을 볼 수 있다. 쿠팡이 대표적이다. 쿠팡은 생필품은 물론 신선 제품까지도 자정까지 주문하면 다음 날 새벽에 배송되는 로켓배송 서비스를 통해서 소비자들의 쇼핑 습관을 바꾸었다. 다음 날 식사를 위한 찬거리를 사기 위해 퇴근길에 피곤한 몸을 이끌고 슈퍼에 들를 필요가 없다. 아이들의 수업 준비물을 마련하기 위해 퇴근 후 또는 출근 전에 문방구에 갈 필요도 없다. 저녁 식사를 마치고 잠자리에 들기 전에 여유 있게 다음 날 필요한 찬거리와 생필품들을 주문하면 된다. 쿠팡은 또한 이 과정에서 여러 시도를 하고 있다. 과다하게 배출되는 포장 쓰레기를 줄이기 위해 재사용 보냉백에 신선 식품을 담아 배송하고 다음 배송 때 수거하는 방식으로 분리수거에 대한 물리적 불편함을 덜어주는 동시에 과다한 쓰레기 배출에 대한 소비자의 심리적 불편함도 덜어주기 위해 노력한다.

불확실성이 지배하는 시장에서 위기를 기회로 만들어 또 다른 성장을 도모하기 위해서는 산업사회의 표준화된 틀 속에서 만들어진 이해관계자의 습관을 바꾸어야 한다. 그리고 플랫폼이란 공간에서 다양한 실험을 통해 이해관계자의 새로운 습관을 형성할 제품과 서비스를 시장에 내놓아야 한다. 이 과정에서 공급자는 사용자와 이익을 공유하고 기회주의적으로 행동하지 않을 것이라는 믿음도 심어주어야 할 것이다.

5장에서는 극한 경쟁으로 내몰리는 플랫폼 시대의 기업이 위기를 극복하고 기회를 만들어가는 데 유효한 전략을 살펴볼 것이다. 기술의 대중화로 상품의 차별화가 쉽지 않은 시장에서 고객을 유인하고 유지하는 도구로서 브랜드를 어떻게 구축하고 운영할지, 불확실성이 높은 시장에서 지속가능경영을 위한 신뢰 기반의 상생과 ESG 경영을 어떻게 실천할지, 급변하는 환경 속에서 조직의 역량을 극대화할 수 있는 방안은 무엇인지를 고민해보고자 한다.

신뢰에서 시작하라

플랫폼의 성장은 시장의 사용자와 공급자 모두가 원하는 경우의 수를 낮은 비용으로 찾아낼 수 있는 환경을 제공함으로써 윈윈 구조를 만들어내겠지만, 그 과정에서 플랫폼 그리고 플랫폼에 올려진 모듈 간의 경쟁은 더욱 치열해질 것이며 결국 승자독식의 시장 구조가 만들어질 것이다. 4차 산업혁명으로 대부분 기술이 대중화되고 평준화되면 기술을 통해 제품과 서비스를 차별화하고 원가 절감을 통해 가격 경쟁력을 유지하면서 지속적인 경쟁 우위를 확보하기가 쉽지 않을 것이다. 플랫폼도 플랫폼에서 유통되는 상품을 생산하는 기업도 사용자의 선택을 받기 위해서 끊임없이 매력 요소를 발산해야 하며, 무엇보다 신뢰를 쌓아야 한다.

시장과 사회에 신뢰가 존재하지 않는다면 사회 구성원들의 경제 활동뿐만 아니라 일상 자체가 불가능할 것이다. 신뢰는 선택이 아니라 모든 활동의 기반이다. 그런데 최근 우리 사회의 신뢰 구조에 큰 변화가 일어나고 있다. 세계적 PR 기업 에델만은 매년 에델만 신뢰도 지표Edelman Trust Barometer를 조사해서 그 결과를 보고서로 발표한다. 28개국 3만 6,000여 명이 참여한 2022년 조사 보고서의 주제는 '불신의 악순환'이었다. 에델만코리아가 발표한 한국 결과에 따르면 비영리단체, 기업, 정부, 언론 등 국내 주요 기관에 대한 신뢰도는 역대 최저치를 기록했으며 그중에서도 언론과 정부의 신뢰도가 가장 낮았다.

하지만 신뢰가 사라진 것은 아니다. 사회의 신뢰는 바닥 수준이지만 역설적으로 우리는 낯선 이를 자신의 집에 머물게 하기도 하고, 낯선 이의 집에 머물기도 한다. 낯선 이를 자신의 차에 태우거나 낯선 이의 차를 타기도 하면서 서로의 이익을 공유한다. 에어비앤비와 우버는 각각 숙박 시설과 이동 수단을 낯선 이들과 공유하는 비즈니스모델을 통해 세계적인 기업으로 성장했다. 정부, 언론, 기업, 비영리단체 등 소수 엘리트 집단보다 가족, 친구,

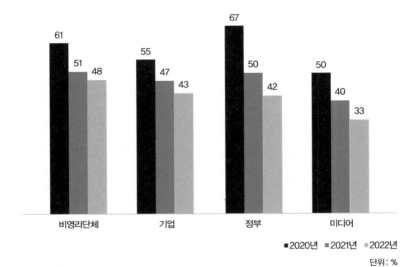

대한민국 내 기관별 신뢰율 변화

■2020년　■2021년　■2022년

단위 : %

동료 등 주변 지인, 심지어 낯선 이들을 더 신뢰하는 현상이 대중에게 나타나고 있다.

　산업화 이전에는 소규모 지역 공동체를 기반으로 신뢰가 형성되었지만, 산업화 이후 산업화 세력이 만들어낸 제도를 기반으로 신뢰가 형성되었다. 하지만 최근에는 신뢰의 대상이 소수의 엘리트 집단과 그들이 만든 제도에서 다수의 개인으로 분산되고 있으며, 이러한 현상의 중심에는 기술이 자리 잡고 있다.

세계 최대 유통 업체 알리바바를 설립한 마윈은 관시關係, 즉 관계가 지배하는 중국의 문화를 극복하고 인터넷에서 구동되는 플랫폼에서 신뢰를 쌓으며 전자상거래 시장을 확장해나갔다. 알리바바가 설립될 당시 중국의 인터넷 이용자는 전체 인구의 1퍼센트에 불과했으며 인터넷으로 물건을 구매하고자 하는 인구도 극히 소수였다. 전자상거래는 말할 것도 없고 인터넷이라는 개념조차 익숙하지 않았던 시절이었다.

중국은 전통적으로 관계에 기반을 둔 사회다. 개인적인 유대 관계의 틀 속에서 모든 거래가 이루어진다. 이런 유대가 없는 사람은 모두 불신하는 경향이 있으며, 새로운 관계를 맺는 것에 익숙하지 않다. 그런데 인터넷 기반의 플랫폼에서 거래가 이루어질 때 거래 당사자들은 서로 모르는 사이다. 판매자는 판매한 제품에 대해 구매자가 제대로 값을 치를지 걱정할 것이며, 구매자는 구매한 물건이 제대로 배송될 것인지, 혹시 구매한 제품이 도난품이나 위조품은 아닌지 걱정하고 의심할 수밖에 없다. 마윈은 판매자와 구매자가 서로를 신뢰할 수 있어야만 거래가 성사될 것이라고 확신하고 기술을 활용해 신뢰를 구축해나갔다. 2014년 알리바바가 뉴욕증권거래소에서 사상 최고가에 상장되는 순간, 마윈은 "오늘 치솟은 것은 주가가 아니라 고객들의 신뢰다"라고 말하면서 신뢰의 중요성을 강조했다.

알리바바는 온라인 결제 시스템 알리페이를 출시하면서 페이팔 같은 거래 당사자 간 직접 거래 방식을 취하지 않고, 구매자로부터 지불된 금액을 알리바바에 예치하도록 했다. 그리고 구매자가 배송된 제품을 확인한 후에야 판매자에게 예치금을 전달하는 방식을 취해 거래 당사자 간의 불신을 해소했다.

하지만 듣도 보도 못한 중소기업이나 개인사업자가 생산한 제품을 믿고 주문하도록 만드는 일은 또 다른 문제였다. 알리바바는 트러스트패스TrustPass라는 인증 기제를 통해서 문제를 해결했다. 알리바바가 신분증명서와 은행 계좌를 확인하고 판매자의 적격성을 검증한 후에 인증을 부여했으며, 트러스트패스 인증을 구매자들이 신뢰할 수 있도록 지속적인 노력을 기울였다. 관련 부서 직원들이 뇌물을 받고 제대로 된 검증 절차를 생략한 채로 인증을 부여하면서 불량 상품과 가짜 상품이 대량 유통되자 마윈은 인증의 신뢰를 높이기 위해 편법으로 인증을 부여한 영업 사원과 비리를 눈감아준 관계자 전원을 해고했다.

결국, 트러스트패스 인증을 받은 업체가 받은 주문량은 인증을 받지 않은 업체가 받은 주문량의 6배에 이르렀으며, 2016년 알리바바는 월마트를 뛰어넘고 세계 최대 유통 업체로 성장한다. 기술을 기반으로 신뢰 도약을 이루어낸 것이다.

신뢰로 공동체를 이룬
마그레브의 상인들

인증 기제를 기반으로 신뢰의 도약을 이루어낸 마윈의 방식은 이미 1,000년 전에 마그레브 상인들이 시도한 것이다. 10세기 정치적 혼란기에 아프리카 북서부 마그레브 지역에 자리 잡았던 유대인 상인들은 원거리 중개상을 통해 직물과 향신료를 지중해 건너 시칠리아 지역에 팔면서 부를 축적했다. 중개상들이 하역부터 현지 시장에서의 판매, 심지어 관리들에게 뇌물을 주는 일까지도 대행해주었기 때문에 대부분의 마그레브 상인들은 위험한 뱃길을 항해하는 대신 중개상을 고용했다.

하지만 중개상들의 부적절한 행태로 종종 곤란을 겪었다. 일부 중개상들은 현지에서 가격을 속여 물건을 팔거나 판매 대금을 가로챘으며 때로는 물건을 빼돌리기도 했다. 마그레브 상인들은 오랜 고민과 노력 끝에 집단적으로 원거리 중개상을 제재할 수 있는 체제를 만들어낸다. 그들은 각자가 경험한 중개상에 대한 정보를 공유했다. 평판이 좋지 않은 중개상한테는 일감을 주지 않았고 평판이 좋은 중개상한테는 일감을 몰아주었다. 중개상들에게도 마그레브 상인들에게 사기를 친 중개상과는 일절 거래를 하지 않겠다는 맹세를 하도록 했고, 맹세를 어긴 중개상에게도 일감을 주지 않았다.

같은 지역에 거주하면서 같은 종교를 믿고 같은 핏줄로 이어졌으며 무엇보다도 이해관계가 같은 마그레브 상인들의 공동체는 매우 견고했다. 결국 마그레브 상인들은 중개상들에게 자신들과 신뢰를 쌓아야 성공한다는 믿음을 심어줄 수 있었다.

앞서 소개된 것처럼 최근 신뢰의 대상이 다시 개인으로 옮겨가는 현상을 발견할 수 있다. 산업화 이전에는 신뢰 대상인 개인이 지역 공동체에 머물러 있었지만, 지금은 정보통신기술을 기반으로 그 범위가 확장되었다. 하지만 신뢰 대상이 각 개인에게 분산되는 과정에서 부정적인 현상도 나타난다. 가짜 뉴스로 인한 혼란과 갈등으로 사회적 비용이 증가하고 있으며 때로는 끔찍한 사건이 일어났다. 2016년 미국 미시간주에서 평소 고객들로부터 좋은 평판을 유지했던 우버 기사가 갑자기 살인마로 돌변해 총으로 6명을 살해하고 2명을 중태에 빠뜨리는 등 미국 전역에서 우버 기사들이 강간, 납치, 절도, 음주운전 등으로 체포되기도 했다.

이처럼 기업에 대한 시장의 신뢰를 훼손하는 사건들은 늘 일어난다. 하지만 일련의 사건에 대처하는 기업의 태도에 따라 기업은 위기에 처할 수도 있고 새로운 기회를 만들 수도 있다.

진통제 타이레놀은 1981년 존슨앤존슨 전체 수익의 17퍼센트를 차지한 효자 상품이었다. 그런데 1982년 시카고에서 한 남자가 타이레놀을 먹고 사망하고, 같은 날 타이레놀을 먹은 부부가 이틀 뒤에 연달아 사망하면서 진통제 시장의 35퍼센트를 차지했던 타이레놀의 점유율이 7퍼센트까지 떨어졌다. 존슨앤존슨은 타이레놀의 판매를 중단하고 사립 탐정 200명을 고용해 FBI 요원 100명과 함께 사고 경위를 철저하게 조사했다. 결국 이 사건은 존슨앤존슨의 잘못이 아닌 것으로 드러났다. 범인은 타이레놀을 구매해 청산가리를 주입한 후에 환불했고, 진열대에 다시 놓인 타이레놀을 구입해 복용한 피해자들이 사고를 당한 것이었다.

그러나 사건의 실체가 밝혀진 이후에도 존슨앤존슨은 타이레놀을 판매하지 않고 한동안 신문과 방송을 통해 사과 광고를 내보냈다. 그리고 8개월 후에 설문 조사 결과 소비자들의 타이레놀 구매 의사가 50퍼센트를 넘기자 판매를 재개하고 곧 이전의 시장 점유율을 회복했다. 환불된 제품을 확인하지 않은 약국 점원의 사소한 행동으로 존슨앤존슨은 엄청난 대가를 치렀지만, 진정성이 담긴 대응으로 위기를 극복하고 또 다른 성장의 기회를 얻었다.

미국 50개 주 중 36개 주에는 사과법Apology Laws이란 생소한 법이 있다. 의료사고 현장에서 피해자에 대한 의사의 사과가 향후 법정에서 의사에게 불리한 증거 자료로 채택되지 않도록 하는 법이다. 의료사고 피해자에 대한 의사의 소극적인 대응이 많은 의료사고를 불필요한 법적 소송으로 몰아가는 현실에서, 법적 소송으로 발생하는 불필요한 사회적 비용을 줄이고자 제정되었다. 2000년대 들어 지속가능경영을 위한 기업의 사회적 책임이 강조되면서, 사과는 의료업계뿐만 아니라 시장 전반에 걸쳐 고객과의 적극적인 소통을 위한 중요한 수단으로 인식되고 있다.

기업을 경영하다 보면 자연재해나 인적 재난으로 인해 기업이 위기에 처하는 경우가 있다. 사고가 터졌을 때 기업은 법정과 여론의 관점에서 그 피해를 최소화하기 위해 노력하는데, 법정에서는 유죄가 확정될 때까지 무죄지만 여론에서는 무죄가 입증될 때까지 유죄다. 그리고 때로는 무죄가 입증된다고 해도 많은 사람에게 유죄로 기억된다. 대부분 기업이 금전적 피해를 최소화하기 위해 소송에는 최선을 다하지만 여론의 중요성은 간과한다.

2014년 초, 한 대학의 신입생 환영회가 열리던 코오롱 그룹 산하 리조트에서 폭설로 강당 지붕이 무너지면서 많은 인명 피해가 발생한다. 그 즉시 코오롱 그룹 회장은 리조트를 시공한 계열사를 대신해 직접 사고 현장을 찾아 피해자와 피해자 가족들에게 사과하고 적극적으로 사고를 수습한다. 그 과정에서 회장은 재벌 2세로서의 부정적인 이미지를 씻고 시장으로부터 긍정적인 평가를 받았다. 한편 태안반도 기름 유출 사고 때 삼성중공업은 섣부른 사과가 향후 법정에서 불리한 증거로 채택될 수 있다는 이유에서 사고 직후에 사과하기를 주저했다. 결국 법정에서는 사고에 대한 유한책임 판결을 이끌어내면서 금전적 손해를 최소화하는 데 성공했지만, 여론이 계속 악화하면서 기업 이미지는 추락의 길을 걸었다. 법정에서는 이겼지만 여론에서는 지는 우를 범한 것이다.

올바른 사과의
4단계

사고가 일어나면 피해자는 사고로 인해 손상된 자존심을 회복하고 잘못의 책임 소재를 확인함으로써 미래에 같은 사건이 재발하지 않게 하려고, 혹은 피해에 대한 합당한 보상을 받기 위해 가해자의 사과를 요구한다. 가해자는 비난이나 처벌, 보상 등을 피하고 싶어서, 혹은 상대편이 받아들이지 않을까봐 두려워서 사과를 거부하기도 하지만, 사과를 통해서 자신의 잘못으로 인한 죄책감과 심적 고통을 덜고 처벌과 보상을 피할 수도 있다. 그러나 잘못된 사과는 가해자의 기대와 달리 오히려 상황을 악화시킨다. 상황을 개선할 수 있는 올바른 사과는 다음의 4단계를 거쳐야 한다.

1. 인정: 자신의 잘못을 제대로 인정해야 한다. 잘못에 대해 모호한 태도를 취하는 경우("제가 어떤 잘못을 했건 무조건…"), 수동적인 태도를 취하는 경우("잘못이 있을 수도 있지만…"), 조건부 태도를 취하는 경우("만일 실수가 있다면…"), 피해를 의심하는 경우("피해를 입으셨다고 하니까…"), 잘못을 축소하는 경우("크게 사과할 일은 아니지만…"), 교만한 태도를 취하는 경우("유감입니다만…")는 제대로 된 사과가 아니다.
2. 반성: 사고에 대한 잘못을 인정한 뒤에는 겸허함과 진정성이 담긴 뉘우침을 통해서 피해자에게 같은 잘못을 되풀이하지 않겠다는 확신

을 주어야 한다.

3. 해명: 세 번째 단계에서는 사고가 가해자의 의도나 개인적인 감정에서 비롯된 것이 아님을 해명해야 한다. 사고가 우발적이고 특수한 상황에서 비롯되었음을 피해자가 확신할 수 있도록 설득하고 사고의 재발 방지를 약속하는 것이 중요하다.

4. 보상: 마지막 단계는 보상이다. 피해자의 관점에서 피해자의 욕구가 충족될 수 있도록 정신적인 보상과 금전적인 보상이 적절하게 이루어져야 한다.

중요한 것은 사과는 분쟁 해소의 마지막 단계가 아니라 분쟁 해소를 위한 협상의 과정이라는 것이다. 그러므로 잘못의 인정에서 보상에 이르기까지 4단계를 거친 사과 이후에도 유사한 사고가 발생하지 않도록 지속적인 사후 처리 노력을 기울여야 한다.

플랫폼의 성장으로 인해 시장의 주체들은 낮아진 거래 비용과 함께 파편화된 시장에서 다양한 대안을 쉽게 찾아갈 수 있다. 기업에게는 신뢰를 쌓아갈 시간적 여유도, 무너진 신뢰를 다시 회복할 시간적 여유도 주어지지 않는다. 지속적인 경쟁 우위를 확보하기 어려운 상황에서, 기업에 대한 고객의 신뢰가 지속가능경영을 위해 가장 중요한 요인으로 자리 잡고 있다. 하지만 고객과 신뢰를 쌓고 그 신뢰를 유지하는 일은 쉽지 않은 과제다.

고객의 언어로 브랜딩하라

세계 최초로 생수를 상품화한 기업이자 고급 생수 시장에서 부동의 1위 자리를 지켜온 브랜드, 에비앙은 알프스 산맥을 뒤로하고 레만 호수를 마주한 프랑스의 작은 마을에서 생수를 생산한다. 알프스의 만년설이 녹아서 흘러내려 형성된 대수층에서 광천수를 퍼올리는데, 15년이라는 긴 시간 동안 두꺼운 빙하 퇴적층을 통과하면서 안전하고 건강한 물이 만들어진다.

18세기 말, 평소 신장 결석으로 고생하던 레세르 후작은 휴양차 에비앙에 위치한 친구 카샤의 집을 방문했다. 3개월 동안 카샤의 집에 머무르면서 정원에서 솟아오르는 지하수를 매일 마셨더니 오랫동안 그를 괴롭혔던 신장 결석이 기적처럼 완치됐다. 이 소문이 전해지며 에비앙에는 지하수를 마시고자 하는 이들의 발길이 끊이지 않았다. 의사들 역시 에비앙의 물을 약으로 처방해주었으며, 나폴레옹 3세와 황후 역시 에비앙 생수를 즐겼다.

방문객이 줄을 잇자 카샤는 1824년 정원을 폐쇄하고 치료 효과가 있는 신비한 물이라는 광고와 함께 자신의 이름을 딴 '카샤의 물Source Cachat' 생수를 판매하기 시작한다. 이후 카샤의 물은 에비앙 브랜드로 이어졌다. 세계 각지의 부호들이 에비앙으로 세수와 목욕을 하면서 에비앙은 천연 미용 제품으로도 유명세를 탔다. 팝 스타 마돈나는 순회공연을 하면서 머무는 호텔마다 욕조 가득 에비앙을 채워달라는 조건을 걸었으며, 마이클 잭슨 역시 에비앙으로 세수를 했다.

오랜 시간 에비앙이 소비자들에게 사랑받으면서 고급 생수 시장에서 부동의 1위를 지킬 수 있었던 이유가 물의 맛과 효능이 전부는 아니었을 것이다. 레세르 후작을 시작으로 수많은 귀족, 부호, 스타들이 만들어낸 이야기가 지닌 매력도 한몫했을 것이다. 스토리 기반의 브랜드가 고객들에게 주는 안전하고 건강하고 고급스러운 이미지는 자기만족을 중시하는 중산층 이상의 고소득층 고객들의 소비 심리를 자극하기에 충분했다.

인공지능의 발달로 지식과 기술이 대중화되고 평준화되는 미래에는 끊임없이 매력 요소를 만들어 이해관계자들을 설득해야 한다. 이때 이야기는 아주 효과적인 방법이다. 우리는 모든 것을 이야기를 통해서 기억하고 떠올리기 때문이다.

> 기업도 개인도 크고 작은 성공과 실패의 이야기를 엮어 브랜드를 구축하고 관리하면, 선택받기 위해 시장의 이해관계자를 설득하는 과정에서 효과적으로 사용할 수 있다.

이야기가 공감할 수 있는 재미 요소를 담고 있다면 더욱 효과적이다. 단, 잊지 말아야 할 것은 진실만을 담아야 한다는 것이다. 인터넷의 발달로 거짓된 이야기로 구성된 브랜드는 한순간에 모든 것을 무너뜨릴 수 있다.

초기의 브랜드는 기업이나 기업이 판매하는 제품과 서비스가 아닌 기업을 설립하고 경영하는 인물 그리고 그 인물과 얽힌 이야기들을 연상시켰다. 농기계 제조업체 존디어John Deere는 혁신적인 쟁기를 발명한 젊은 대장장이 존 디어가 19세기 초에 설립한 회사다. 제과 업체 마즈Mars는 버터크림 사탕을 만들어 팔던 프랭크 마스가 20세기 초에 설립한 회사다. 창업자나 경영자에 대한 신뢰는 기업과 개별 상품에 대한 신뢰로 이어졌다.

하지만 산업화가 진행되고 시장의 규모가 커지면서 브랜드에 대한 개념도 바뀌었다. 지역 기반의 상인들이 대규모 기업으로 성장하면서 개인에 대한 신뢰가 상품에 대한 신뢰로 연결되지 못했다. 대신 창업 철학을 담은 로고나 문구로 표현된 상표가 신뢰의 상징으로 자리매김한다. 영국 최대 맥주 회사로 꼽히는 바스 브루어리Bass Brewery는 특유의 빨간색 삼각형 로고를 통해서 소비자들에게 품질에 대한 믿음을 심어주었다. 이는 영국 상표등록법상 최초로 등록된 상표다. 또한 많은 기업이 상품의 가치와 콘셉트를 담은 문구를 통해서 브랜드의 정체성을 만들어가고자 했다. 미국의 주방용품 업체 옥소OXO는 국내 시장에서 "요리가 쉬워진다"라는 문구로 소비자들에게 기능적 차별성을 설명했다. 옥시크린의 "빨래 끝!" 오리온의 "초코파이는 情입니다" 에이스침대의 "침대는 과학입니다" 등도 상품의 콘셉트를 광고 문구에 효과적으로 담아낸 사례다.

기술 평준화로 기능적인 측면에서 상품을 차별화하기가 쉽지 않은 상황에서, 기능적인 차별성에 정서적인 가치를 더해 만들어진 브랜드는 소비자들의 삶 속에서 영향력을 발휘할 수 있었다. 코카콜라는 음료수를 만드는 기업이 아닌 상쾌함을 제공하는 기업으로, 디즈니는 영화를 만드는 기업이 아닌 꿈을 심어주는 기업으로, 나이키는 운동화를 파는 기업이 아닌 영감을 주는 기업으로 자리매김하고자 했다.

하지만 SNS가 출현하면서 소비자들은 구매 결정에 필요한 신뢰의 근거를 기업의 마케팅 담당자들이 만들어놓은 브랜드에서 찾지 않는다. 소비자들 사이에 공유되는 상품과 기업에 대한 평판에서 찾고자 한다. 이제 고객의 신뢰는 기업이 직접 통제하기 쉽지 않은 영역이다. 글로벌 정보분석기업 닐슨이 2015년 발간한 〈광고 신뢰도에 관한 글로벌 소비자 보고서〉에 따르면 전 세계 80퍼센트 이상의 응답자들이 가족과 친지, 주변의 지인으로부터 전해 들은 상품에 대한 경험과 평가를 가장 신뢰했으며, 응답자의 3분의 2가 온라인에 남겨진 고객의 상품 평을 신뢰했다. 그리고 상품과 기업에 대한 고객의 경험과 평가는 플랫폼을 통해서 이전보다 더욱 빠른 속도로 넓게 전파되면서 기업의 매출에 영향을 미치고 있다.

기업은 고객에게 플랫폼을 기반으로 그들의 경험을 공유할 수 있는 공간을 만들어주고, 그 공간에서 공유된 재미있고 공감할 수 있는 이야기를 소재로 기업의 핵심 가치를 포장해서 브랜드를 구축해야 한다. 기업은 브랜드를 매개로 고객들과 소통한다. 브랜드는 기업과 고객의 상호작용을 위한 틀로 해석될 수 있다. 따라서 브랜드를 통해서 고객과 정서적으로 강력한 유대감을 만들어내기 위해서는 브랜드를 구성하는 이야기를 고객의 관점에서 고객의 언어로 풀어내야 한다. 시장의 다양성이 커지고 대중 소비가 사라지는 상황에서 기업이 시장에 제공하고자 하는 가치 틀 속에 소비자의 선택을 묶어두려는 우를 범하지 말아야 한다.

알 리스와 로라 리스는 《브랜드 창조의 법칙》에서 "새로운 브랜드는 새로운 종과 같다"라고 정의하면서 진화론적 관점에서 브랜드의 탄생과 성장을 설명했다. 버진그룹의 회장 리처드 브랜슨도 "브랜드는 진화의 산물이다"라고 정의한 바 있다. 지속 가능한 브랜드가 되기 위해서는 브랜드를 구성하는 이야기에서 묻어나는 진정성과 감성을 고객들이 기억하도록 해야 한다. 이야기 속에서 살아 숨 쉬는 문화를 소비할 수 있는 장을 플랫폼을 통해 열어줌으로써 고객의 삶 속에서 브랜드가 습관화될 수 있도록 해야 한다. 그리고 그 브랜드는 세대, 성별, 계층을 아우르고 시대를 관통하는 화두를 브랜드에 담아내야 한다. 북유럽을 대표하는 자동차 제조사인 볼보Volvo가 '가장 안전한 자동차'라는 이미지를 100년 가까이 유지하고 있는 것처럼 말이다.

상생하고 보상하라

"에어비앤비는 뉴욕시에 매우 유익합니다_{Airbnb is great for New} York City." 2014년, 에어비앤비의 광고가 미국 뉴욕시 지하철을 가득 메웠다. 에어비앤비 이용을 권장하는 광고가 아닌 기업 이미지를 개선하고자 하는 광고였다. 그러나 일부 시민들은 에어비앤비에 대한 불만을 광고면 위에 낙서의 형태로 쏟아냈다. 에어비앤비에 대한 뉴욕 시민들의 부정적인 시각을 지우기 위한 광고였지만, 에어비앤비에 대한 논란을 가중시키는 결과를 낳은 것이다.

호텔 가격이 비싼 뉴욕시에서 비교적 싼 가격에 다양한 숙박시설을 즐길 수 있었던 사용자들은 에어비앤비에 환호했지만, 임대인들은 단기 전대를 법으로 금지하고 있는 뉴욕시에서 임차인의 불법 전대 행위를 조장하는 에어비앤비에 대한 불만을 키워나갔다. 또한 에어비앤비를 통해서 단기 임대되는 숙박시설이 매춘과 미성년자의 음주 공간으로 활용되는 경우가 증가하면서 주변 주민들도 에어비앤비에 곱지 않은 시선을 보냈다. 이러한 분위기에 편승해 저가의 호텔 사업자들은 에어비앤비 사업 행태의 불공정성을 언급하며 규제를 만들기 위한 로비에 열을 올렸다.

플랫폼은 낮은 비용으로 사용자와 공급자가 원하는 경우의 수를 찾아갈 수 있는 공간이지만, 플랫폼 기반의 새로운 산업이 성장하는 과정에서 긍정적인 효과만큼이나 부정적인 효과도 나타나고 있다. 수익이 줄어들고 생계의 위협을 받는 전통 산업의 기업가와 근로자들에 의해 부정적인 측면이 확대 재생산되는 과정에서 새로운 기술로 무장한 플랫폼 사업자들은 시장의 생태계를 왜곡하는 포식자로 인식되고, 플랫폼 산업의 성장을 가로막는 규제들이 만들어진다.

에어비앤비와 같은 숙박시설 공유 업체와 기존 호텔 간의 갈등, 우버와 같은 승차 공유 서비스 업체와 택시 사업자 그리고 택시 기사 간의 갈등, 아마존과 같은 온라인 소매업체와 지역 소상공인 간의 갈등 등 플랫폼 사업자에 대한 기존 사업자들의 견제는 시장의 전 영역으로 확대되고 있다. 뿐만 아니라, 플랫폼 사업자와 권익을 제대로 보호받지 못하는 플랫폼 노동자 간의 갈등이 확산되면서 노동계도 플랫폼 사업자에 대해 곱지 않은 시선을 보내고 있다.

플랫폼 기반 산업은 폭발적인 성장을 이루어낼 만큼 공급자에게도 사용자에게도 매력적이지만, 폭발적인 성장과 함께 표출될 수 있는 다양한 폐해를 최소화하면서 지속적인 성장을 이루어낼 수 있는 시장의 제도적 보완이 시급해 보인다.

불공정 경쟁을 지양하기 위한 규제의 역사는 그리스와 로마 시대까지 거슬러 올라간다. 고대인들은 기후의 변화에 따른 곡물 시장의 가격 변동성을 줄이고 매점매석에 의한 가격 조작을 없애기 위해 규제를 만들었다. 이처럼 규제는 불공정한 경쟁, 독과점 관행, 가격 조작 등으로 발생하는 사회적 비용을 줄이기 위한 것이다. 하지만 전체주의 국가에서 볼 수 있는 정부의 지나친 규제와 시장 개입은 오히려 비효율적인 시장 구조에 기인한 낭비와 부패 등의 부작용을 초래한다. 이에 대부분의 선진국은 혁신에 기반을 둔 시장의 성장을 저해하지 않기 위해 기술의 진보에 따른 시장의 변화를 최대한 담아내면서 변화의 과정에서 발생하는 사회적 비용을 최소화하는 수준에서 규제를 유지하려고 노력한다.

최근 폭발적으로 성장하는 플랫폼 시장에서 플랫폼을 배타적으로 운영하는 지배적 사업자가 생겨나면서 당국은 규제의 수준을 고민하고 있다. 지배적인 지위를 갖는 플랫폼 사업자들은 혁신적인 기술과 비즈니스모델을 가진 신규 사업자들의 시장 진입을 저지하기 위해 약탈적 가격을 통해 플랫폼을 배타적으로 운영하기도 한다. 소비자들은 단기적으로는 상품을 싸게 구매하면서 이익을 취할 수 있지만, 시장의 혁신 속도가 저하되면서 역동적인 시장에서 사용자가 경험할 수 있는 이익은 줄어들 것이다. 또한 장기적으로는 가격을 이겨내지 못한 공급자들이 플랫폼을 떠나면서 소비자의 선택 폭이 줄어들고, 살아남은 공급자에 의해 형성된 독점적 가격에 상품을 비싸게 구매해야 하는 상황에 놓일 수 있다. 그러한 상황에 놓이면 결국 소비자들도 플랫폼을 떠나게 될 것이다.

플랫폼 시장이 지속적으로 성장하려면 지배적 지위를 가진 사업자의 배타적인 플랫폼 운영을 저지할 수 있는 규제가 필요하다.

물론 플랫폼의 철학을 훼손하지 않고 플랫폼 사업자의 건강한 성장을 저해하지 않는 수준에서, 플랫폼 사업자 간의 건강한 경쟁을 유도하고 플랫폼 사업자가 소비자 그리고 공급자와 상생할 수 있는 환경을 조성하는 균형 잡힌 규제여야 한다.

플랫폼이 건강하게 성장하기 위해서는 치열한 경쟁 속에서도 상생의 철학을 실천해야 한다. 플랫폼 운영자와 참여자 간의 상생, 플랫폼 사업자와 전통 산업 사업자 간의 상생이 담보되어야 플랫폼 경제가 성장할 수 있다. 거대한 침략으로부터 로마제국을 지켜낸 도시국가들의 동맹이 주는 교훈을 떠올려보자.

동맹으로
한니발을 막아낸 로마

기원전 218년, 카르타고와 로마는 2차 포에니전쟁을 치렀다. 고대 최고의 전략가로 알려진 카르타고의 한니발 장군은 혹독한 겨울철에 에스파냐를 거쳐 알프스산맥을 넘어 로마를 공격했다. 허를 찔린 로마는 초기 전투에서 계속 패했고, 카르타고는 이탈리아 반도 중부까지 진격했다.

한니발은 알렉산더 대왕의 페르시아 정복을 떠올리며 로마를 쉽게 정복할 것이라 확신했다. 그는 수적인 열세에도 정복 전쟁 초기의 승리를 발판으로 페르시아 제국을 구성하는 도시국가들의 느슨한 동맹을 분열시키며 페르시아를 정복했는데, 로마도 도시국가들로 이루어졌기에 같은 상황이 되풀이될 것이라고 예상한 것이다.

하지만 한니발의 기대와 달리 로마는 페르시아처럼 쉽게 무너지지 않았다. 이유는 로마의 시민권 제도에 있었다. 로마에 정복되어 편입된 도시국가의 시민들도 일정 시간이 지나면 로마 시민이 되어 영광을 함께 누릴 수 있었기 때문에, 로마를 구성하는 도시국가들의 동맹은 굳건히 유지되었다. 그렇기에 로마는 전투에서는 패했지만, 전쟁에서는 승리할 수 있었다.

플랫폼은 참여자 각각의 이해관계가 플랫폼 전체의 이익으로 구현될 수 있을 때, 플랫폼에서 생산된 가치가 참여자들의 기여에 따라 배분될 수 있을 때 지속적인 성장이 가능하다. 공장을 하나도 운영하지 않고 플랫폼을 기반으로 의류를 생산하는 리앤펑은 코로나19로 인해 파산 신청의 위기에 직면하기까지, 상생의 철학을 실천하면서 성장했다. 리앤펑이 적극적으로 중국과 한국의 아동의류 제조업체를 인수하자 자라, 유니클로 같은 업체들의 빠른 성장에 자극을 받아 수직계열화를 통해 SPA 시장에 진출할 것이라는 시각도 있었지만, 리앤펑은 기업을 인수한 후에 유통망만을 흡수하고 생산설비는 모두 매각했다. 유통망 확대를 통해 고객 기반을 확장함으로써 보다 많은 협력업체를 플랫폼으로 유인하기 위한 전략이었다. 플랫폼 사업자가 생산설비를 갖추게 되면 협력업체와 경쟁 관계에 놓이거나 갑을 관계에 놓일 수 있다고 판단했기 때문이다.

상생을 구현하지 못하면 아무리 혁신적인 기술을 기반으로 운영되는 플랫폼이라도 실패할 수밖에 없다. 소니는 디자인과 성능 면에서 킨들보다 더 나은 전자책 리더기, 리브리Librie를 킨들에 앞서 2003년에 출시했다. 신기술에 기반한 플랫폼을 통해서 출판업계의 혁신을 시도했지만, 출판업자들에게 참여 동기를 부여하지 못해 실패하고 만다. 리브리를 접한 출판업체들은 놀라움을 감추지 못하면서도 출판업계에 대한 지배력을 잃을지도 모른다는 두려움에 휩싸였고, 소니의 위세에 눌려 앞에서는 적극적인 참여를 약속했지만 뒤에서는 리브리의 성공을 방해했다. 결국 리브리는 콘텐츠 확보에 실패해 시장을 만들지 못했다.

시장에서도 조직에서도 기존의 틀을 깨는 혁신을 외치는 순간, 주위는 적으로 둘러싸인다. 자발적인 참여를 유도하고 혁신의 동력을 얻기 위해서는 혁신의 성과를 구성원과 공유할 수 있는 보상 체계를 설계하고 실천하는 노력이 무엇보다 중요하다.

1969년, 냉전 시대에 미국 국방부 산하 고등 연구원에서 군사적 목적으로 인터넷을 개발했다. 40년이 지난 2009년, 그들이 개발한 인터넷이 세상을 얼마만큼 촘촘한 네트워크로 묶어놓았는지 궁금했던 미 국방부는 미국 전역에 직경 2.5미터의 빨간 풍선 10개를 띄워놓고 10개의 풍선을 찾아내는 이에게 4만 달러의 상금을 주는 콘테스트를 개최했다. 콘테스트를 시작하기 전 시뮬레이션을 통해서 대략 9일 정도면 풍선의 위치 10개를 찾아낼 것이라고 추측했지만, 뜻밖에도 콘테스트가 시작된 지 9시간도 되지 않아 한 팀이 풍선 10개를 찾아냈다. 이때 1등과 2등의 접근 방식 차이가 눈길을 끌었다.

풍선 9개를 찾아낸 2등 팀은 조지아공과대학교 학생들로 구성된 팀이었다. 그들은 SNS를 통해서 상금 4만 달러를 받으면 형편이 어려운 사람들을 돕는 데 쓰겠다며 사람들의 이타심에 호소했다. 그들보다 한발 앞서 10개의 풍선을 모두 찾아낸 팀은 메사추세츠공과대학교MIT 학생들이었는데, 가지치기식의 상금 보상 체계를 설계하고 SNS를 이용해 이를 홍보했다.

예를 들어 시카고에 위치한 풍선을 A가 찾았다면 A는 사례로 2,000달러를 받는다. 그런데 A가 이 풍선을 찾는 데 B의 도움을 받았다면 그 대가로 B 또한 A가 받은 상금의 절반인 1,000달러를 받는다. B가 A에게 도움을 주는 과정에서 C의 도움을 받았다면 C 또한 B가 받는 상금의 절반인 500달러를 받는다. 결과적으로 A가 시카고에 위치한 풍선을 찾는 데 B와 C가 도움을 주었다면 이들이 받는 상금은 A가 2,000달러, B가 1,000 달러, C가 500달러로 총 3,500달러다. 하나의 풍선을 찾는 데 아무리 많은 사람이 도움

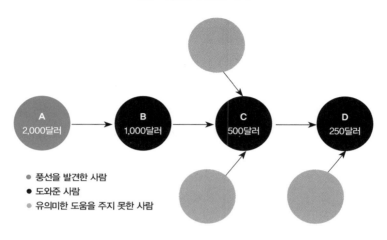

MIT 학생들의 보상 체계

A
2,000달러

B
1,000달러

C
500달러

D
250달러

- 풍선을 발견한 사람
- 도와준 사람
- 유의미한 도움을 주지 못한 사람

을 주어도 풍선 하나당 필요한 총상금은 4,000달러를 넘지 않는다. 따라서 풍선 10개를 찾는 데 필요한 금액도 4만 달러를 넘지 않는다. 풍선 10개를 찾는 데 아무리 많은 사람의 도움을 받아도 이윤을 남길 수 있는 것이다.

빨간 풍선 찾기 사례는 플랫폼을 구축하는 과정에서 사용자와 공급자의 자발적인 참여를 유도하기 위한 대안을 제시한다. 요란한 구호나 일시적인 촉진 활동을 통해 사용자의 참여를 기대하기보다는 사용자들이 기여한 만큼 보상받는 기제가 만들어질 때 사용자들은 참여에 대한 동기를 부여받는다. 하지만 그런 정밀한 보상 제도의 설계와 운영은 플랫폼 운영자에게 쉽지 않은 과제일 것이다.

모순적이지만, 플랫폼의 기반이 되는 상생의 철학은 자기 이익을 추구하는 인간의 이기적인 욕구와 목표 지향적인 성향에 의해 유지되고 견고해진다.

조정은 담합으로 변질될 수 있는 반면, 플랫폼 참여자들의 이기적인 욕구와 목표 지향적인 성향은 상호 견제를 통해서 플랫폼상의 계약을 공정하게 관리하는 기제로 작동할 것이다. 끊임없이 실험하는 과정에서 기하급수적으로 증가하는 소통과 거래를 공정하고 생산적으로 관리할 수 있는 핵심적인 기술로 블록체인이 회자되는 이유도 여기에 있다.

또한 플랫폼 사업자와 참여자 간의 상생뿐만 아니라 플랫폼 사업자와 시장의 기존 사업자들 간의 상생을 위한 대안도 마련해야 한다. 기존 사업자들이 플랫폼을 기반으로 변화하는 시장에서 함께 가치를 만들어내면서 생존할 수 있는 길을 기술적, 재정적 지원을 통해서 열어주어야 한다.

'착한 경영'에 투자하라

이윤 추구를 목적으로 하는 기업의 사회적 책임에 대한 논의는 20세기 초부터 시작됐다. 기부를 통해 이윤 일부를 사회에 환원하는 기업의 사회적 책임을 강조한 카네기와 록펠러의 철학은

21세기에도 워런 버핏, 빌 게이츠와 같은 기업가들에 의해 실천
되고 있다.

최근 기업의 사회적 책임은 CSV(공유가치창출 Creating Shared Value)의
개념으로 진일보했다. 공유가치창출은 자본주의가 만들어낸 사회
문제들을 구조적으로 해결하기 위한 기업의 노력으로 이해할 수
있다.

스타벅스나 더바디샵이 대표적인데, 이들은 공정 무역을 통해
서 시장 가격보다 높은 가격으로 원료를 구입하고 원료를 생산하
는 저개발 국가의 농장과 농민들을 지원한다. 가치사슬을 구성하
는 모든 주체와 이익을 공유하는 상생 관계를 통해서 동반 성장
을 실천함으로써 건전한 시장을 만들어가는 것이다. 또 CJ대한통
운은 60세 이상의 고령층을 고용해 주거밀집지역에서 택배 서비
스를 제공하면서 상대적으로 사회적 취약계층인 노인층의 일자
리를 창출하고 있다. 택배 차량이 아파트 단지까지 싣고 온 물건
을 노인들이 친환경 전동 카트를 이용해 각 가정까지 배송하는
방식이다. 단지 내 거주하는 노인들이 직접 배송하기 때문에 고객
들도 안심하고 택배를 이용하고 있다.

자유방임주의에서 공유가치창출까지, 자본주의의 간략한 역사

남미에서 유럽으로 유입된 금과 은을 기반으로 소상공 자본이 형성되면서 시작된 400년 역사의 자본주의는 계속되는 위기를 극복하면서 오늘도 시장을 지탱하고 있다. 그 폐해가 끊임없이 논쟁의 대상이 되었지만, 계속해서 폐해를 최소화하면서 진화하고 있다.

자유방임주의에 기초한 최초의 자본주의는 시장의 질서를 혼탁하게 만들었다. 이에 정부의 시장 개입을 지지하는 수정자본주의가 등장했지만, 정부의 지나친 규제로 인해 시장이 역동성을 잃고 말았다. 이후 신자유주의에 기초한 자본주의가 등장했으나 자본에 대한 시장 주체의 탐욕으로 시장이 혼탁해지고 양극화가 가속하고 있다.

최근에는 불안정한 시장의 기능과 정부의 역할을 인정하고 상호 보완적인 관계를 중요시하는 자본주의 4.0, 그리고 이를 넘어 공유가치창출을 중요시하는 자본주의 5.0에 대한 논의가 진행 중이다. 자본주의 4.0과 5.0은 아직 이론적으로 체계화되지 못했지만, 시장 주체들은 성장 일변도의 경제와 금전만능주의 문화에서 비롯된 각종 사회문제를 해결하기 위해 새로운 자본주의 패러다임이 필요하다는 인식을 공유하고 있다.

국내에서는 1930년대에 이미 공유가치창출을 실천한 기업이 있다. 유한양행을 설립한 고故 유일한 박사는 이윤 추구라는 기업의 본질적인 목적보다 국민 건강이라는 목적에 더 충실했다. 그는 일제강점기 때 바르는 진통소염제 안티푸라민을 개발하여 서민들도 구입할 수 있도록 싼 가격에 시장에 공급했다. 수요에 비해 공급이 절대적으로 부족했던 1930년대 국내 의약품 시장 상황을 감안하면 지나치게 낮게 책정된 가격이었다. 또 1930년대 일간지에 실린 안티푸라민의 광고를 보면 약품 사용 전에 의사와 상의할 것을 권고한다. 허위 과장 광고에 대한 규제도 개념도 없었던 1930년대에 소비자의 권익을 보호하기 위해 매출에 부정적인 영향을 미칠 수도 있는 광고를 실었던 셈이다.

공유가치창출에 대한 사회적 요구는 더 많은 배당금을 요구하는 주주와 더 많은 복리후생을 요구하는 종업원의 요구와 충돌하면서 기업에 부담으로 작용할 수 있다. 그러나 공유가치창출은 장기적인 관점에서 주주에게는 더 많은 배당금을, 종업원에게는 더 많은 복리후생을 제공할 수 있는 대안이다. 기업은 지속가능경영을 목표로 주주자본주의가 아닌 고객자본주의의 틀에 따라 기업을 경영하는 데서 더 나아가 모든 이해관계자가 함께 성장하고 그 과실을 나눌 수 있는 공유가치창출을 실천해야 한다.

이해관계자들에게 피해를 주면서 이윤을 추구하는 기업은 결국 몰락의 길을 걷는다. 제약기업 퍼듀 파마Purdue Pharma는 1996년

오남용 위험이 높은 마약성 진통제 옥시콘틴을 개발했다. 그리고 옥시콘틴의 위험성을 알고 있음에도 매출을 늘리기 위해 전자의료기록 기업에 뇌물을 주고 불법적이고 비윤리적인 마케팅 전략을 펼치면서 소비자를 현혹시켰다. 그러나 2009년부터 2019년 사이 오피오이드 과다 복용으로 인한 사망자가 약 50만 명에 이를 것이라는 미국질병통제예방센터CDC의 조사 결과가 2019년에 발표되면서, 퍼듀 파마는 법정에서 유죄를 인정하고 파산보호 신청에 돌입했으며 피해 사실이 확인된 약 13만 명에게 3,500달러에서 4만 8,000달러가량의 보상금을 지급하게 되었다.

주주자본주의의 틀 속에서 경영되는 기업도, 고객자본주의의 틀 속에서 경영되는 기업도, 공유가치창출을 실천하는 기업도, 본질적으로는 이윤을 추구한다. 하지만 탐욕을 버리고 성공의 과실을 함께 나눌 때 성공이 지속될 수 있다.

최근 시장에서 'ESG'가 화두다. 환경Environmental, 사회Social, 지배 구조Governance의 앞 철자를 딴 ESG는 기업의 비재무적 성과를 측정하는 지표로, ESG 성과를 고려하는 투자 방식은 장기적으로 안정적인 수익을 가져다줄 수 있는 대안으로 인식되고 있다.

투자자들은 재무적 요소와 함께 장기적인 관점에서 기업의 가치에 영향을 주는 ESG 등의 비재무적 요소를 반영해 기업을 평가

한다. 지배 구조 개선을 통해서 환경을 보존하고 사회 문제 해결에 기여하는 선순환적인 생태계를 만들어내지 못하면 기업의 생존이 위협받을 수 있다는 인식이 확산하고 있다.

지속 가능한 발전을 위한 기업과 투자자의 사회적 책임이 중요해지면서, 세계적으로 많은 금융기관이 ESG 성과를 기업 가치 평가에 활용하고 있다. 2000년 영국을 시작으로 스웨덴, 독일, 캐나다, 벨기에, 프랑스 등 여러 나라에서 연기금을 중심으로 ESG 정보 공시를 의무화하는 제도를 도입했다. 유엔은 2006년 출범한 유엔책임투자원칙UNPRI을 통해 ESG 이슈에 주목하면서 사회적 책임을 고려하는 투자를 장려해왔다. 한국도 2025년부터 자산 총액 2조 원 이상의 유가증권시장 상장사의 ESG 공시 의무화가 도입되며, 2030년부터는 모든 유가증권시장 상장사로 확대된다. ESG가 기업 가치를 평가하는 주요 지표로 자리매김한 것이다.

다음의 두 기업 사례를 통해서 ESG가 주가에 얼마나 직접적인 영향을 미치는지를 알 수 있다. 미국 석유회사 엑손모빌ExxonMobil은 채굴과 정제 과정에서 많은 온실가스를 배출하는데, 주주들이 2019년 초 주주총회 때 온실가스 감축을 촉구하는 결의안을 통과시키려고 했다. 엑손모빌이 반발하자 투자자들이 지분을 팔기 시작했다. 80달러대였던 주가는 2020년 30달러 중반까지 떨어졌다. 엑손모빌은 결국 92년 만에 다우존스산업평균지수에서 퇴출

당했다. 반면, 북해에서 석유와 천연가스를 생산하던 덴마크 국영 석유기업 동에너지DONG Energy는 친환경 해상 풍력 발전에 집중하는 회사로 거듭나기 위해 2017년 석유 사업 부문을 매각하고 사명도 오스테드Ørsted로 바꾸면서, 2016년 270크로네 안팎이던 주가가 2020년 약 850크로네가 되었다.

최근 ESG 때문에 곤욕을 치른 기업 사례도 어렵지 않게 찾아볼 수 있다. 세계 2위 광산 기업인 호주 리오틴토Rio Tinto는 2020년 철광석을 채굴하는 과정에서 폭파했던 동굴이 호주 원주민들이 신성시하는 4만 6,000년 된 유적지라는 사실을 간과했다. 일부 호주 연기금과 영국 투자사 등이 주식을 팔겠다고 압박하면서, 리오틴토 이사회는 기업 최고경영자, 철광석 사업 책임자, 총무 책임자 등 최고위급 임원 3명을 해고하고 사건을 마무리 지었다.

디즈니의 블록버스터 영화 〈뮬란〉도 ESG 문제로 곤욕을 치렀다. 영화의 엔딩 크레디트에 "촬영지 신장 위구르의 중국 공안에 감사한다"는 문구를 넣었는데, 이 지역은 소수 민족에 대한 중국의 탄압이 심각하다고 알려진 곳이다. 팬들이 인권에 민감하게 반응해온 디즈니가 거대 시장인 중국에는 침묵한다고 비판하며 영화 불매운동을 벌이자 디즈니의 주가에 악영향이 미쳤다.

한편 프랑스 화장품 기업 로레알은 코로나19 확산 직후 영업점과 유통센터 직원 전원을 재택근무로 돌려 직원들의 건강을 지키고자 했고, 영업을 중단한 소매상을 위해 영업을 다시 시작할 때까지 제품 대금을 받지 않았다. 대기업으로서 사회적 책무를 다했다는 평가를 받으면서 주가는 코로나19 확산 이전보다 높아졌다.

글로벌 ESG 평가사들은 기업들이 환경적 측면에서 제품 제조 과정에 천연자원을 얼마나 쓰는지, 유해 물질을 얼마나 배출하는지, 폐기물은 어떻게 재활용하는지를 살펴본다. 그렇게 만든 제품이 소비자의 안전을 위협하지는 않는지도 검토한다. 사회적 측면에서 임직원 교육은 잘하는지, 조직 내에 인종 및 성차별 문제는 없는지를 살펴본다. 기업 지배 구조 차원에서 오너가 독단적으로 의사결정을 하지 않는지, 경영진은 기업 윤리를 잘 지키는지도 파악한다. 글로벌 ESG 평가사들이 작성한 보고서가 세계 투자자들의 투자 관련 의사결정에 활용되면서, ESG 관련 비재무적 지표 관리는 이제 선택이 아닌 필수로 인식되고 있다.

3040과 5060의 역할을 바꿔라

ESG 경영은 환경을 보존하고 사회 문제를 해결하고자 하는 가치를 구성원들과 공유하고 기업의 지배 구조, 기능, 프로세스 등에 내재화할 때 가능하다. 하지만 최근 대부분 기업이 겪는 조직 내 세대 간 갈등이 ESG 경영의 걸림돌이 되고 있다. 갈등으로 불거지는 직장 내 괴롭힘과 인권 침해 등의 사례는 ESG 평가에 부정적인 영향을 미친다. 물론 세대 간의 갈등은 언제나 존재했다.

기원전 18세기에 쓰인 수메르 점토판에서 "요즘 젊은이들은 버릇이 없다"라는 글귀가 발견됐다는 이야기는 유명하다. 하지만 사회의 변화 속도가 빨라지고 각 세대가 공유하는 문화의 차이가 커지면서 세대 간의 골이 더욱 깊어지고 있다.

직장 내 세대 갈등, 얼마나 심각할까?

구인구직 플랫폼 사람인이 2021년 국내 373개 기업을 대상으로 기업 내 세대 간 갈등에 대한 설문 조사를 시행한 결과 응답 기업의 60.6퍼센트가 '임직원 간 세대 갈등이 있다'고 답했으며, 98.2퍼센트는 '임직원 간 세대 갈등이 조직 문화나 경영 성과에 부정적인 영향을 끼치고 있다'고 답했다. 부정적인 영향은 젊은 직원들의 퇴사(56.3퍼센트), 구성원 간의 연대 약화(54.5퍼센트), 사내 스트레스 유발(49.1퍼센트), 업무 집중력 저하로 인한 성과 하락(26.1퍼센트) 등으로 이어졌다.

응답 기업의 대부분(89.3퍼센트)은 임직원 간 세대 갈등을 해소하기 위해 권위주의적 조직 문화 개선(53.8퍼센트), 불필요한 회식과 야근 금지(46.8퍼센트), 상호 존중 문화 교육(42퍼센트), 세대 간의 이해와 소통을 위한 워크숍 진행(18.6퍼센트), 연공서열 타파를 위한 성과별 연봉 제도 도입(14.4퍼센트) 등의 다양한 제도적 노력을 기울이고 있었다.

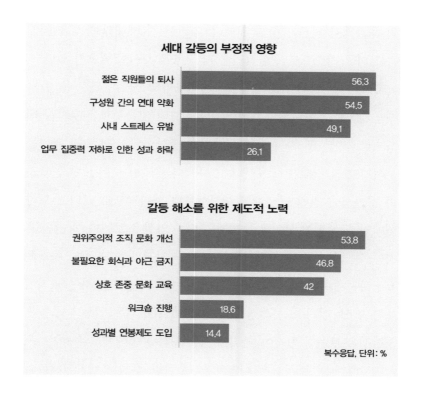

세대 갈등의 부정적 영향

항목	값
젊은 직원들의 퇴사	56.3
구성원 간의 연대 약화	54.5
사내 스트레스 유발	49.1
업무 집중력 저하로 인한 성과 하락	26.1

갈등 해소를 위한 제도적 노력

항목	값
권위주의적 조직 문화 개선	53.8
불필요한 회식과 야근 금지	46.8
상호 존중 문화 교육	42
워크숍 진행	18.6
성과별 연봉제도 도입	14.4

복수응답, 단위: %

　우아한형제들은 '업무 관계는 수직적으로, 인간 관계는 수평적으로'라는 원칙을 강조하며 우수타(우아한 수다 타임)라는 프로그램을 통해서 대표와 직원들이 스스럼없이 소통할 수 있는 문화를 만들기 위해 노력한다. 보수적인 조직 문화를 가진 현대차도 결재판 사용을 금지하고, 급한 업무는 카카오톡을 통해서 지시하고 보고할 수 있도록 했다. 하지만 권위주의적인 조직 문화를 개선하고 수평적인 조직 문화를 만들어내고자 하는 다양한 접근이 근본적인 해결책이 되지는 못할 것이다. 따라서 각 세대의 특성을 이해하고 이를 기반으로 생산적인 조직 구조를 제시할 필요가 있다.

네덜란드 틸뷔르흐대학교의 경제학과 교수 헨드릭 반달렌Hendrik P. Van Dalen은 2010년 네덜란드의 고용주와 근로자를 대상으로 청년 근로자와 노년 근로자의 생산성에 대한 고정 관념을 분석하고 그 결과를 발표했다. 고용주와 근로자 모두 노년 근로자의 생산성이 청년 근로자의 생산성보다 전반적으로 낮다고 평가했지만, 구체적인 분야로 들어가면 다른 양상을 보였다. 청년 근로자는 육체적 정신적 능력, 적응력, 학습 의지와 속도 등의 자질을 요구하는 업무에서 높은 생산성을 보이고, 노년 근로자는 조직에 대한 헌신, 신뢰성, 사회성 등의 자질이 요구되는 업무에서 높은 생산성을 보인다는 것이다. 이 분석은 지금 우리에게도 유효하다.

그렇다면 이 특성들을 어떻게 잘 조합할 수 있을까? 신선함과 세월의 무게가 멋진 조화를 만들어내는 제철 음식 조리법에서 세대 간의 갈등을 최소화하고 조직의 생산성을 극대화할 해법을 찾을 수 있다. 맛있고 건강한 식단을 만들기 위해서는 오래 묵힐수록 깊은 맛이 나는 장도 중요하지만 신선한 재료가 우선이다. 계절의 변화를 잘 담아내는 제철 식재료로 요리해야 최선의 결과가 나오듯, 디지털 시대의 변화를 잘 담아내는 청장년층의 창의력과 패기로 또 다른 성장을 만들어내야 한다.

스마트 기기에 익숙한 청장년층은 디지털 공간에서 다양한 집단과 소통하며 지식을 습득하고 문화를 경험하면서 다가올 미래의 변화를 감지한다. 그들은 플랫폼이란 공간에서 끊임없는 실험을 통해서 문제를 해결하기 위한 대안을 찾아내고 제시한다. 하지만 많은 조직에서 그들의 아이디어는 이상적이지만 실현 불가능한, 세상 물정 모르는 엉뚱한 생각 정도로 치부되기 일쑤다. 그리고 그들은 기성세대의 아이디어를 구현하기 위한 손발의 역할에 충실하기를 강요받는다. 기성세대가 만들어놓은 틀과 문화 속에서 그들의 창의성과 도전 의식은 무력하기만 하다.

숙련된 고령 근로자의 노동력을 유지하면서도 상대적으로 육체적·정신적 능력, 적응력, 학습 의지와 속도 등이 뛰어난 젊은 근로자를 활용해 조직의 생산성을 극대화하기 위해서는 '역발상적 접근'이 필요하다. 나이와 직위를 떠나 서로의 역량과 역할을 존중하고, 지난 시간에 대한 충분한 보상이 주어질 때 가능한 대안이다.

3040의 창의성이 머리가 되고 5060의 경험이 손발이 되는 조직의 모습을 그리면서, 세대의 역할을 바꾸어 각자의 역량을 보다 생산적으로 조화롭게 활용해야 한다.

점점 더 많은 조직이 이런 접근을 채택해, 젊고 창의적인 시각과 사고를 통해 미래를 준비하고자 노력하고 있다. 갈수록 낮아지는 기업 임원의 평균 연령에서 그러한 노력이 감지된다. 2020년 말 기준 시가총액 상위 30대 기업 임원의 평균 연령은 만 53세다. 50대 임원의 비중이 여전히 75.7퍼센트로 가장 높지만 40대 임원도 18.6퍼센트를 차지한다.

그런데 기업들의 이러한 노력이 새로운 문제를 야기하기도 한다. 직원들의 평균 퇴직 연령이 낮아지는 것이다. 3040세대 근로자의 약진이 5060세대 근로자의 퇴진으로 이어져서는 곤란하다. 한국노동연구원은 2017년 〈사업체 근로자의 고령화와 생산성의 관계〉 보고서를 통해 노동자의 평균 연령이 높아지더라도 평균 근속 연수가 길면 사업체의 평균 생산성이 떨어지지 않는다는 연구 결과를 발표했다. 생산성과 인건비는 기업 내 근로자의 평균 연령이 40세가 될 때까지 증가하다가 그 이후부터 감소하는 것으로 관찰되었다. 여기까지는 일반적인 상식을 재확인해준 셈이다. 하지만 기업의 평균 근속 연수가 높은 기업은 낮은 기업에 비해 50세 이상의 고령 근로자 비율이 높으면서 근로자 1인당 부가가치가 높게 나타났다. 고령 근로자가 많더라도 숙련된 근로자가 많으면 기업의 생산성이 떨어지지 않는다는 해석이 가능하다.

결국 플랫폼이란 공간에서 시도되는 3040세대의 창의적인 실험이 성과를 만들어내기 위해서는 5060세대의 축적된 경험과 지혜도 필요한 것이다.

ESG 경영을 위한 가장 큰 화두로 인구 고령화 문제 해결을 위한 기업의 역할을 꼽을 수 있다. 기업에게 인구 고령화는 사회적 책임의 문제가 아닌 생존의 문제다. 대한민국은 2002년 초저출산국으로 분류되었고, 그간 100조 원이 넘는 예산을 쏟아부었지만 합계출산율은 2021년 0.81명까지 떨어져 경제협력개발기구 회원국 중 최하위 수준을 유지하고 있다. 주거, 고용, 교육 문제 등 출산과 육아의 환경을 개선하기 위한 중장기적인 고민 없이 출산장려금과 아동수당 등의 지원금 위주의 정책만 제시한 결과다.

반면에 위생 환경의 개선으로 2020년 출생아의 기대수명은 경제협력개발기구 회원국의 평균을 웃도는 83.5년이다. 늘어나는 평균수명이 낮아지는 출생률과 맞물리면서 고령화가 급속히 진행되고 있다. 2018년을 기준으로 65세 이상의 고령 인구 비중은 14.3퍼센트로 고령사회에 접어들었으며, 2045년에는 고령 인구 비중이 35.6퍼센트에 이를 것으로 전망된다. 인구가 줄어듦과 동시에 고령 인구 비중이 높아지면 생산가능 인구가 감소하고 내수 시장이 위축되면서 우리 경제는 활력을 잃을 것이고, 기업은 시장 축소로 인한 매출 감소와 필요 인력의 수급 불균형으로 인한 생산성 저하를 경험할 것이다.

기업은 3040세대의 창의성이 머리가 되고 5060세대의 경험이 손발이 되는 조직 구조를 대안으로 고려함과 동시에, 고령 근로자의 생산성 향상에 관심을 기울여야 한다. 기회만 주어지면 노동력을 제공하고자 하는 경험 많고 숙련된 고령 인구는 얼마든지 존재한다. 문제는 고령 인구를 위한 대부분의 일자리가 복지 차원에서 정부가 만들어낸 일자리거나 단순 노동력을 제공하는 허드레 일자리라는 것이다. 정부도 기업도 고령 인구를 위한 일자리 창출을 비용이 아니라 인구 문제 해결을 위한, 기업의 생산성 향상을 위한 투자로 이해해야 한다.

플랫폼 기반의 사회적 기업, 시니어앤파트너즈의 사례는 인구 고령화 문제 해결을 위한 대안을 제시하고 있다. 오랫동안 특정 직무를 수행해온 은퇴자들을 그들의 능력이 필요한 중소기업 및 스타트업에 소개해준다. 이를 통해 스타트업은 상대적으로 저렴한 비용으로 전문가의 경험을 얻을 수 있고, 은퇴자들은 새로운 일자리를 통해 삶의 의미를 발견할 수 있다.

또한 고령 인구의 정보통신기술 활용 능력을 향상시켜야 한다. 무인 매장에서 단말기로 햄버거조차 주문하기 쉽지 않은 고령 인구를 위한 일자리는 많지 않을 것이다. 정부가 나서서 선심성 예산으로 출생을 장려하기보다는 고령 인구의 정보통신기술 활용 능력을 향상하는 교육에 예산을 투입해야 한다. 그리고 고령 인구의 생산성 향상을 전제로 고령 인구의 기준을 상향해야 한다. 그렇지 않으면 기준 상향은 또 다른 사회적 비용을 발생시킬 뿐이다.

- 대중의 신뢰 대상이 디지털 플랫폼을 중심으로 소수의 엘리트 집단에서 다수의 개인으로 분산되고 있다. 이제 기업은 브랜드를 구축할 때 디지털 플랫폼을 기반으로 소비자들이 경험을 공유할 공간을 만들어주고, 그 공간에서 공유되는 재미있고 공감할 수 있는 이야기로 기업의 핵심 가치를 포장해야 한다.

- 플랫폼은 각 참여자가 추구하는 이익이 플랫폼 전체의 이익으로 구현될 때, 그리고 거기서 생산된 가치가 기여도에 따라 배분될 때 성장할 수 있다. 그리고 모순적이지만 플랫폼 참여자들의 이기적인 욕구와 목표 지향적인 성향은 상호 견제를 촉진해 플랫폼의 건강한 성장에 기여할 것이다.

- 기업의 사회적 책임은 기부를 통한 이익 환원에서 공유가치 창출로 이어져 왔으며, 최근에는 ESG(환경, 사회, 지배구조)가 기업 가치를 평가하는 주요 지표로 자리매김하고 있다. ESG 경영으로의 전환 비용은 지속가능경영을 위한 투자로 이해해야 한다.

- 급속한 환경 변화에 능동적으로 대응하기 위해서는 창의적인 3040이 조직의 머리가 되는 '역발상적 접근'이 필요하다. 동시에 기업은 5060의 축적된 경험과 지혜를 활용하여 조직의 생산성을 높일 방안을 모색해야 한다.

6

플랫폼에서
선택받는 노동자가 되려면

- 플랫폼 시대가 원하는 'T자형 인재'란 무엇인가?
- 비대면 시대에 대면 노동이 더욱 중요해진 이유는?
- 테라노스는 어떻게 실리콘밸리 전체를 속일 수 있었을까?
- 내가 받은 별점이 나의 신분증이 된다면?

빅데이터, 인공지능, 로봇 등 첨단 기술로 구동되는 플랫폼이란 공간에서 4차 산업혁명이 전개되면서 노동시장에도 변화가 예고된다. 많은 영역에서 신기술이 인간의 노동력을 대체하면서, 사라지는 직업과 함께 새롭게 주목받는 직업이 존재할 것이다.

2015년 일본 노무라종합연구소와 영국 옥스퍼드대학교가 미래에 사라질 직업에 관해 공동 연구 결과를 발표했다. 연구진의 발표에 따르면 미래에 사라질 직업 순위 1위에 텔레마케터가 올랐으며, 회계사, 소매 판매업자, 전문 작가, 부동산 중개인, 기계 전문가, 비행기 조종사, 경제학자, 건강 관련 기술자, 배우, 소방관, 편집자, 화학 기술자 순으로 뒤를 이었다. 슈퍼 점원, 일반 사무원, 택시 운전기사, 경비원 등의 직업도 포함되었다.

전문 지식이나 기술을 요구하지 않고 단순하게 반복되는 노동을 요구하는 직업이나, 전문 지식이나 기술을 요구하더라도 정형화가 가능한 논리적 의사결정을 요구하는 직업은 기계에 의해 빠르게 대체될 가능성이 크다. 반면 정형화가 쉽지 않은 직관적 의

사결정을 요구하는 직업이나 감성적 소통을 요구하는 직업은 기계로 대체되는 데 더 긴 시간이 소요될 것이다. 수요도 공급도 적어 기계로 대체하는 과정에서 발생하는 투자 비용조차 회수하기 쉽지 않은 영역의 직업도 마찬가지다. 동시에 노동력을 기계로 대체하는 과정에서 요구되는 기술을 개발하거나 운용하는 직업, 빅데이터, 인공지능, 로봇 등 첨단 기술 관련 직업이 주목받을 것이다.

물론 기술의 빠른 발전으로 우리가 예측하지 못한 새로운 변화가 일어날 수도 있다. 일론 머스크와 빌 게이츠 그리고 스티븐 호킹 박사는 머지않은 미래에 '지능 폭발' 즉 인공지능이 스스로 연쇄적인 개량을 통해 인간의 지능을 뛰어넘는 현상이 일어날 수 있다고 경고한다. 자가 학습 능력을 갖춘 인공지능의 발전 속도는 인간의 생물학적 진화 속도와 비교할 수 없을 만큼 빠르다. 인공지능과 로봇의 발달이 머지않은 미래에 일과 삶을 예측하기 쉽지 않은 모습으로 바꾸어놓을 것이며, 언젠가 완벽한 자가 학습 능력을 갖춘 인공지능이 개발되면 기계의 다음 행보는 누구도 예측하기 힘들어질 것이다.

노동하는 존재,
로봇

로봇이라는 단어는 1921년 프라하 국립극장에서 초연된 〈로숨의 유니버설 로봇Rossum's Universal Robots〉이라는 연극에서 처음 소개되었다. 극작가 카렐 차페크는 강제 노동, 고된 노동을 의미하는 체코어 '로보타'에서 착안해 로봇이라는 단어를 만들어냈다. 연극의 막이 오르면 광기 어린 과학자가 운영하는 공장에서 고된 노동에 시달리며 값싼 물건들을 대량으로 생산하는 로봇들이 나온다. 극 중에는 심지어 출산의 고통을 덜어주기 위해 인간을 대신해 아이를 낳아주는 모습까지 등장한다. 인간의 노예로 살아가던 로봇은 자신들이 영혼을 가지지는 못했지만 높은 지능과 강인한 체력을 가지고 있다는 사실을 자각하고 인간에 맞서 전쟁을 일으키며, 결국 인간은 한 명을 제외하고 모두 죽음을 맞이한다. 차페크의 연극이 발표된 이후 공상 과학 소설이나 영화에서 인간의 적으로 등장하는 통제 불능의 로봇을 자주 볼 수 있게 되었다.

미래를 예측하는 것이 불가능하거나 무의미해 보이더라도 우리는 계속해서 환경과 소통하면서 변화의 방향성을 읽어내고 그 방향성에 맞추어 사고의 틀을 바꾸어가야 한다. 점점 더 빠르게 변화하는 환경에서 과거의 틀에 의지해 사고하고 행동할 경우 큰 위험에 직면할 수 있다.

일본 한 산골에서 밤마다 자동차 추락사가 심심치 않게 일어나면서, 귀신이 출몰한다는 소문이 파다했다. 하지만 사고 경위를 조사해보니 어처구니없는 이유 때문이었다. 개발 공사로 도로 지형이 바뀌었는데, 바뀐 지형이 내비게이션에 반영되지 않았던 것이다. 직선 도로로 나오는 곳이 사실은 낭떠러지였고, 실제 도로는 왼쪽으로 꺾여 있었다. 어둠 속에서 내비게이션에 의지해 초행길을 가던 운전자들이 직진하다가 추락 사고를 당했던 것이다.

사고의 틀을 계속 업데이트하지 않으면 개인의 삶도 추락을 경험할 것이다. 4차 산업혁명을 견인할 빅데이터, 인공지능 등의 기술이 우리의 삶에 어떠한 영향을 미칠지, 4차 산업혁명이 전개되는 플랫폼이란 공간이 우리의 삶에 어떠한 영향을 미칠지를 읽어내는 통찰력이 필요하다. 4차 산업혁명이 소개되면서 회자되던 수많은 변화가 코로나19 팬데믹과 함께 구체화되고 현실화되면서 일과 삶의 방식이 바뀌고 있다. 시장의 변화를 표면적이고 지엽적으로 해석하기보다는 본질적이고 포괄적인 해석을 통해서 그 방향성을 읽어내고 미래를 준비해야 한다.

그리스 신화에서 아테네의 영웅 테세우스는 괴물을 무찌르는 여정 중에 프로크루스테스라는 인물을 만난다. 프로크루스테스는 나그네들을 만날 때마다 자기 침대에 눕혀 침대보다 키가 크면 다리를 잘라버리고 키가 작으면 다리를 잡아 늘여서 고통을 주는 행위를 일삼았다. 그의 악행에 분노한 테세우스는 그에게 결투를 신청하고 혈투 끝에 승리한 뒤 같은 형벌을 내린다. 이후 사람들은 자신이 만든 틀에 갇혀 세상을 해석하고 모든 의사결정을 하는 현상을 프로크루스테스 콤플렉스라고 일컬었다. 우리는 이 프로크루스테스 콤플렉스를 떨쳐내야 한다.

마지막 장에서는 개인에 좀 더 집중해 플랫폼 기반의 새로운 패러다임이 요구하는 새로운 인재상을 살펴보고, 극심한 변화와 극한으로 치닫는 경쟁 속에서 경쟁 우위를 확보하기 위해 개인이 갖추어야 할 역량을 살펴보고자 한다. 플랫폼을 기반으로 파편화되는 사회에서 사회 구성원으로서 공유하고 구현해야 하는 가치를 살펴보고, 시장에서 끊임없이 소통하고 선택받으면서 살아가야 하는 시대에 개인의 삶에 필요한 덕목을 살펴볼 것이다.

3가지 인재상에 집중하라

지구촌 곳곳의 작은 와이너리에서 생산된 와인을 비교해가며 입맛에 맞는 와인을 직접 구매해서 즐길 수 있는 공간, 이름 없는 무명의 디자이너도 자신이 디자인한 티셔츠를 지구 반대편의 누군가에게 홍보하고 판매할 수 있는 공간. 플랫폼은 사용자에게 다양한 선택의 기회를 제공하고 공급자에게 다양한 판매 경로를 제공하면서 사용자와 공급자가 모두 윈윈 하는 시장을 만들어가고 있다. 정보통신기술과 물류 기제의 발달로 시간과 공간의 물리적 제약이 극복되면서 최고의 선택을 할 수 있는 길이 열렸다.

하지만 장밋빛 청사진 이면에는 무한 경쟁과 시장의 양극화라는 암초가 도사리고 있다. 다양한 상품을 비교해가며 선택할 수 있는 플랫폼으로 사용자들이 몰려들고, 사용자들이 몰려드는 플랫폼으로 공급자들도 판매 기회를 얻기 위해 몰려든다. 이와 같은 네트워크 효과를 기반으로 세계 시장을 하나로 묶어내는 거대한 플랫폼이 출현하면서 플랫폼의 쏠림 현상이 나타난다. 예를 들어, 아마존은 '쇼핑하다'라는 의미의 '아마존하다'라는 단어를 만들어 낼 정도로 시장의 지배력을 높여가며 소규모 플랫폼과 지역 상권을 붕괴시키고 있다.

플랫폼 쏠림 현상만큼이나 플랫폼에서 거래되는 상품 쏠림 현상도 심해지고 있다. 특히 사용자의 요구가 다양하지 않은 상품군이나 기능과 디자인이 표준화되어 객관적인 평가가 용이한 상품군에서 이 현상이 두드러진다. 미래에는 상품 시장뿐만 아니라 노동시장도 유사한 현상을 경험할 것이다. 가상현실의 발달로 시간과 공간을 초월하는 환경이 만들어지고, 동시통번역기의 출현으로 언어의 장벽마저 사라지면 쏠림 현상은 세계 시장으로 확대될 것이다. 특히 원격으로 노동력을 제공할 수 있고 추가 재생산 비용이 거의 발생하지 않는 지식 서비스 산업의 경우, 결국 1등만 살아남는 상황에 놓일지도 모른다.

그렇다면 플랫폼 시대를 살아가는 개인은 이러한 상황에 어떻게 대응해야 할까? 모순적이지만 영역의 구분이 허물어지는 융복합 시대일수록 세분화된 영역에서의 전문성이 요구된다. 세분화되고 전문화된 노동력은 플랫폼에서 사용자 중심으로 그때그때 조합되면서 사용자가 원하는 서비스를 만들어갈 것이다. 근로자들은 자신의 분야를 좁게 설정하고, 그 분야에서 깊은 지식과 경험을 축적하여 경쟁력을 유지해야 살아남을 수 있다.

하지만 어떤 분야에서든 1등은 쉽지 않다. 더군다나 대부분 영역에서 사람뿐 아니라 기계와도 경쟁해야 하는 시대가 다가오면 더더욱 어려워진다. 단순히 한 분야를 깊이 파고드는 것만으로는 부족하다. 시야를 넓혀서 'T자형 인재'가 되어야 한다.

T자형 인재는 스페셜리스트이자 제너럴리스트다. 한 분야의 전문성을 지니되, 관심과 이해를 기반으로 다양한 분야에 자신의 전문성을 접목시켜 가치를 만들어낼 수 있는 역량을 발휘하는 사람이다.

한 분야에서 좁고 깊은 지식을 쌓는 동시에 다양한 분야에서 쌓은 넓고 얕은 지식으로 누구와도 소통과 협업을 할 수 있는 T자형 인재가 플랫폼 시대에 주목받는다. tvN 예능 프로그램 〈알아두면

쓸데없는 신비한 잡학사전(알쓸신잡)〉의 구성을 통해서 T자형 인재의 문제 해결 방식을 엿볼 수 있다. 알쓸신잡은 한 분야의 전문가가 출연해 일방적으로 정보를 전달하는 여타의 교양 프로그램과는 달리 정치, 경제, 문화, 예술 등 각 분야의 전문가들이 국내 여행을 함께 다니며 하나의 사회 현상을 주제로 자유롭게 토론을 이어가는 프로그램이었다. 각 분야의 전문가들이 자신의 전공 지식을 접목해 사회 현상을 해석하고, 다양한 시각의 해석이 융합되면서 새로운 해결책을 찾아나가는 모습은 T자형 인재들이 견인하는 플랫폼 시대를 연상시킨다.

또 플랫폼 시대가 원하는 인재상으로 '나비형 인재'와 '거미형 인재'를 꼽을 수 있다. 덴마크의 사상가 쇠렌 키르케고르는 인간을 거미형, 개미형, 나비형의 세 유형으로 구분했다. 산업사회는 현실을 인정하고 주어진 틀 속에서 성실하게 일하는 개미형 인재를 선호했지만, 4차 산업혁명이 견인하는 플랫폼 시대는 알에서 애벌레, 번데기를 거쳐 성충이 되는 나비처럼 상황에 따라 자신의 모습을 바꾸며 적응하고 성장해가는 나비형 인재를 선호한다. 나비형 인재는 꽃가루를 옮겨 꽃의 번식을 돕는 나비처럼 다양한 영역을 연계하여 새로운 영역을 만들어가는 창의적인 통섭형 인재로 인식되기도 한다.

한편 거미형은 원래 경험으로 만들어진 틀 속에 안주하는 퇴영적인 인간이자 기득권으로 거미줄을 치고 먹잇감을 기다리는 포식자라는 인식이 있었지만, 최근에는 시대적 상황을 꿰뚫는 통찰력을 기반으로 전략을 세워 미래의 핵심 영역에 거미줄을 치고 효율적으로 성과를 만들어내는 인재상으로 받아들여지곤 한다.

넷플릭스의 창업자 리드 헤이스팅스는 환경의 변화에 따라 기업의 비즈니스모델을 바꾸어 고객이 원하는 시장을 만들어가는 대표적인 나비형 인재다. 인터넷 주문과 우편 배송으로 블록버스터를 무너뜨리고 비디오 대여 시장을 지배했고, 초고속 인터넷이 미국 전역에서 서비스되자 온라인 콘텐츠 스트리밍 시장으로 영역을 확대해 유선 케이블 시장을 잠식했다. IPTV의 등장에는 다수의 기기에서 같은 콘텐츠를 볼 수 있는 N스크린으로 대응했으며, IPTV와의 경쟁에서 우위를 점할 즈음 콘텐츠 제공 업체들이 공급가 인상을 요구하자 〈하우스 오브 카드〉를 비롯한 오리지널 콘텐츠를 제작하면서 콘텐츠 수급의 안정화를 추구했다. 그는 끊임없이 환경 변화에 맞추어 넷플릭스를 탈바꿈했다.

애플을 창업한 스티브 잡스는 미래를 예측하고 시장이 주목하지 않았던 영역을 찾아내어 새로운 시장을 개척해나가는 대표적인 거미형 인재다. 애플 Ⅱ를 통해서 개인용 컴퓨터 시대를, 아이폰을 통해서 스마트폰 시대를 열었으며, 애플의 운영체계인 iOS를 기반으로 구동되는 모든 기기를 아이튠즈를 통해서 동기화할 수 있는 환경을 만듦으로써 거대한 애플 생태계를 구축했다.

플랫폼 시대에는 이들처럼 통찰력을 가지고 핵심 영역을 찾아내서 연계하고 상황이 요구하는 가치를 만들어내는 인재가 주목받을 것이다.

평판을 새로운 화폐 삼아라

퇴근 시간에 지하철역 개표구를 지나다 보면 쇼핑백을 들고 멋쩍은 표정으로 서성이는 사람을 어렵지 않게 찾아볼 수 있다. 이들은 누군가를 만나 쇼핑백을 건네주고 현금을 건네받고는 간단한 눈인사만 나눈 채 사라진다. 영화에 나오는 마약 거래를 연상시키지만, 실은 당근마켓에서 판매하거나 구매한 물건을 퇴근길에 주고받는 직장인들이다. 일면식도 없는 상대와 거래를 하다 보니 남성들이 가족과 지인을 대신해서 거래하는 경우가 많다.

당근마켓에서 다른 사용자들의 구매 결정에 가장 큰 영향을 미치는 요소는 거래 이후 남기는 사용자 경험(후기)이다. 대부분 구매자는 물건 구매 전 판매자의 판매 이력과 평판을 살펴본다. 상품 상태가 설명과 같은지, 가격은 저렴한지, 거래 과정에서 응대는 신속하고 친절했는지, 약속 시각은 잘 지켰는지 등이 상대에 의해 평가되고 점수화되어 참여자의 평판을 만들어간다.

인류학자 로빈 던바는 인간이 상대의 얼굴을 알아보고 이름을 외울 수 있는 대상은 500명 정도지만, 의미 있는 관계를 안정적으로 유지할 수 있는 대상은 150명을 넘지 못한다고 설명했다. 물리적으로 접근이 가능한 제한적인 관계 속에서 직접 경험을 통해 삶을 영위했던 과거의 방식은 플랫폼을 기반으로 시장과 사회가 파편화되면서 관계의 수가 기하급수적으로 증가하는 지금에서는 유효하지 않다. 오프라인뿐만 아니라 온라인상에서 만들어진 이력과 그 이력에 대한 대중의 견해가 기록된 '평판 카드'가 신용카드의 역할 일부를 대체할 수도 있다.

2014년 중국 국무원은 신용 사회 건설을 위한 '사회적 신용 체계 건설 계획'을 발표했다. 다양한 지표를 기반으로 12개 주요 도시의 기업과 개인의 신용 등급을 점수화하여 신용이 좋지 않은 대상에게는 다양한 제재를 가한다는 내용으로, 목표는 궁극적으로 이 신용 제도를 전 국민을 대상으로 운영하는 것이었다. 신용도가 낮으면 금융 시장에 접근할 수 없으며 심지어 기차표나 비행기표도 구매할 수 없고 자녀의 사립학교 입학도 제한된다. 제도를 운영하던 일부 지역에서는 극장에서 영화 상영에 앞서 악성 채무자들의 신상을 영상으로 공개하기도 했다.

물론 평판 시스템에도 오류는 존재한다. 2021년 네이버의 업체 정보 제공 서비스 네이버 플레이스는 별점 시스템을 폐지했다. 경쟁 업체의 제품에 악의적인 댓글이나 후기를 달거나, 금전적 보상을 매개로 자사 제품에 긍정적인 댓글이나 후기를 달도록 유도하는 사례가 빈번하게 발생하면서 시스템의 신뢰가 깨졌다고 판단했던 것이다. 시스템의 오류가 끔찍한 사고로 이어지는 사례도 있다. 2017년 일본 후쿠오카에서 에어비앤비에 머물던 한국 여성이 성폭행 피해를 입는 사건이 일어났다. 90개가 넘는 후기 중 대부분이 좋은 평가인 호스트였지만, 조사 결과 나쁜 후기가 올라오면 작성자에게 별도의 연락을 취해 해당 후기를 삭제하도록 압력을 가하면서 평판을 관리해왔던 것으로 밝혀졌다.

왜곡된 신뢰 평가 기제는 정부에 의해 시민들을 통제하는 수단으로 악용되거나 거대한 플랫폼 사업자가 참여자들의 이익을 편취하는 수단으로 악용될 수도 있다. 그러나 결국 신뢰 평가 기제를 통해서 형성된 평판은 플랫폼에서 이루어지는 모든 거래에 있어 가장 중요한 요인으로 자리매김할 것이다.

> 인공지능의 발달로 노동력의 기능적 품질과 노동력에 대한 가격의 차별화가 무의미해지는 만큼, 현재 단순한 노동력이 거래되는 플랫폼에서뿐만 아니라 향후 지식과 기술을 요구하는 복잡한 노동력이 거래되는 플랫폼에서도 평판이 사용자 선택의 가장 중요한 기준이 될 것이다.

삶의 흔적이 고스란히 디지털 공간에 남겨지는 시대를 살아가는 우리는 높은 수준의 긴장 상태를 늘 유지하면서 평판 관리에 힘써야 한다.

자신만의 가치를 찾고 지켜라

플랫폼에서 사용자가 선택하고 조합할 수 있도록 파편화된 노동자의 지식과 경험은 알고리즘으로 정형화되어 언젠가 인공지능으로 대체될 것이다. 이런 시대에 개인이 경쟁 우위를 확보하기 위해서는 인공지능으로 대체하기 힘든 틈새 영역을 찾아내고 그 분야의 전문성을 키워 무한 경쟁으로 내몰리지 않아야 한다.

인공지능이 진화해서 자가 학습 능력을 갖추고 감성적인 소통까지 가능한 수준에 도달하면 인간을 대체할 수도 있겠지만, 심리상담사나 유치원교사 등 정형화하기 힘든 암묵지(경험을 통해 체화되었지만 문자나 숫자로 표현할 수 없는 지식)와 감성적인 소통을 요구하는 직업은 그러기 쉽지 않을 것이다. 국내에 10명뿐이라는 미술 경매사와 같이 수요와 공급이 둘 다 적은 직업도 대체가 쉽지 않을 것이다. 노동력을 대체할 기계를 개발하는 비용을 회수하기 쉽지 않기 때문이다(물론 개발 비용이 현저하게 떨어질 정도로 관련 기술이 대중화되면 대체 가능할지도 모른다).

이런 사실을 알고 있더라도 많은 이들이 가지 않는 영역으로 나아가기란 쉽지 않다. 특히 한국과 같이 집단적이고 권위주의적인 사회에서는 동조 현상이 강하게 나타나기 때문에 구성원의 자존감이 대체로 낮고 자신과 타인을 차별화하고 싶은 욕구도 적다. 그러나 우리는 MZ세대에게서 혁신의 실마리를 찾아볼 수 있다.

1980년대 초에서 2000년대 초에 출생한 MZ세대는 이전 세대와는 확연히 다른 성향을 보인다. 일도 소비도 투자도 즐기면서 한다. 현재의 삶을 미래를 위한 도구가 아닌 목적으로 여기며, 결과뿐만 아니라 과정에도 의미를 부여한다. 목표한 것을 이루지 못해도 과정을 즐길 수 있으면 만족감을 느낀다. 거대한 산업사회의 틀 속에서 주어지는 도구로서의 삶을 거부하면서 끊임없이 탈중앙화와 탈표준화를 시도한다. 사회가 강요하는 획일화된 가치보다 자신만의 가치를 중요하게 여긴다. 물론 여전히 많은 젊은 세대가 기성세대의 영향을 받아 보수적인 관점에서 장래 희망을 선택하지만, 4차 산업혁명이 회자되며 변화가 일고 있다.

자신만의 가치를 중요시하는 MZ세대의 특징은 그들의 소비 행태에서도 나타난다. 단순히 싸고 좋은 물건을 구매하기보다 자신의 신념과 일치하는 브랜드의 제품을 구매하는 '가치소비'가 그 예다. 대표적인 업사이클링 기업인 프라이탁FREITAG은 버려진 천막, 자동차 방수포 등을 재활용해 수작업으로 가방을 생산한다. 비싼 가격에도 MZ세대 소비자들은 프라이탁 백을 구매함으로써 환경보호를 위한 프라이탁의 노력에 공감을 표현한다.

MZ세대는 거기서 한 발짝 더 나아가 유일무이한 무언가를 소유함으로써 유일무이한 존재로서 인정받기를 원한다. 또 그들이 소유한 유일무이한 대상의 가치조차 시장에서 통용되는 화폐가 아닌 그들만의 기준으로 정의하기를 원한다. 최근 주목받는 NFT를 통해서도 이러한 MZ세대의 '한정판' 문화를 엿볼 수 있다.

NFT는 '대체 불가능한 토큰Non-Fungible Token'이라는 뜻으로, 위조할 수 없는 데이터 분산 처리 기술인 블록체인을 통해서 소유권과 판매 이력 등의 정보를 관리하는 가상 자산이다. 영국의 대표적 사전인 콜린스가 NFT를 2021년 올해의 단어로 선정할 정도로 주목받고 있다. 비트코인이나 이더리움과 같은 기존 암호 화폐의 경우, 같은 주체에 의해 발행된 모든 토큰은 개당 가치가 동일하여 1대 1 교환이 가능하지만, NFT는 같은 주체에 의해 발행된 토큰이라도 일련번호를 부여하는 대상에 따라 고유한 가치를 가지기에 1대 1 교환이 불가능하다. NFT는 부동산의 등기부등본과 같이 디지털 공간에서 생성된 사진, 캐릭터, 영상, 게임 아이템 등 무한 복제가 가능한 콘텐츠가 원본임을 증명하는 보증서로 설명될 수 있다.

NFT의 개념이 시장에 소개된 것은 2017년 캐나다 스타트업 대퍼랩스Dapper Labs가 이더리움 기반의 고양이 육성 게임, 크립토키티CryptoKitties를 출시하면서부터다. 사용자들은 다양한 가상 고양이를 수집하고 교배하여 자신만의 희귀한 새끼 고양이를 만든 후에, 일련번호를 부여하고 암호 화폐로 거래했다. 2017년 말 드래곤Dragon이라는 고양이가 11만 달러 상당의 암호 화폐로 거래돼 화제를 모으기도 했다. 2021년 초에는 디지털 예술가인 비플Beeple의 작품에 생성된 NFT가 글로벌 미술품 경매업체인 크리스티에서 6,934만 달러에 낙찰되면서 다시 한번 시장을 놀라게 했다.

이처럼 NFT는 개인의 역량을 보호하는 울타리이자 그 자체로 가치 있는 자산이 될 수 있다. 무한 복제가 가능한 디지털 콘텐츠가 단지 고유한 식별 번호를 부여하는 것만으로 엄청난 가치를 가진 자산이 된다는 것은 쉽게 이해되지 않는다. 하지만 자산의 가치는 희소성에서 비롯된다는 점과 차별화된 소유 욕구를 충족시킬 수 있다는 점에서 NFT는 분명 가치 창출의 잠재력을 충분히 가지고 있다. 그리고 MZ세대의 성장은 NFT 시장의 성장을 견인하는 동력이 될 것이다. 게임을 즐기는 과정에서 만들어낸 아이템이나 영상을 즐기는 과정에서 편집한 '짤방'의 가치가 NFT를 통해서 시장에서 평가되고 거래될 수 있다면, MZ세대는 놀이를 즐기면서 경제적 가치를 창출하는 삶을 누릴 수 있다. NFT는 MZ세대의 덕후 문화와 함께 성장할 수 있는 문화 상품이 될 것이다.

물리적 한계가 사라지는 플랫폼 기반의 무한 경쟁 시대에는 세계에서 1등을 해야만 살아남을 수 있다고 생각할지도 모른다. 하지만 어떤 영역에서도 1등을 하기는 쉽지 않다. 자신만의 역량으로 자신만의 영역을 만들어가는 것을 목표로 해야 한다. 그리고 시장은 그러한 역량과 그러한 역량으로 만들어진 지적 자산이 누군가에 의해 복제되어 활용되지 않도록 보호받을 수 있는 기제를 마련해야 한다. 이때 NFT가 자신이 구축한 자신만의 영역을 지켜주는 울타리가 되어줄 수 있다.

플랫폼의 가치를 새기고 실천하라

플랫폼은 높은 개방성과 다양성을 기반으로 참여자들이 상호 작용을 통해 다양한 욕구를 채워나가는 공간이다. 플랫폼에 올려 진 모듈 단위의 재화와 노동력은 다양하게 조합되어 플랫폼이 정 의한 핵심 가치, 즉 참여자들이 플랫폼을 통해서 교환하고자 하는 가치를 실현한다. 플랫폼은 다양성을 포용해 효과성을 극대화하면서 빅데이터, 인공지능과 같은 기술을 기반으로 탐색 비용과 거래 비용을 최소화해 효율성을 극대화한다. 효과성과 효율성을 균형적으로 담아내기 위해서는 플랫폼과 참여자 간 그리고 참여자들 간에 프로토콜이 구축되고 제대로 작동해야 한다. 거래 질서를 유지하기 위한 최소한의 행동 양식이 공유되고 사회적 압력을 통해 지켜질 때 플랫폼은 존재할 수 있다. 플랫폼의 목적과 특성에 따라 차이는 있지만 대부분 프로토콜은 플랫폼이 위치한 사회의 규범에 기초하며 그 영역이 세계 시장으로 확대되는 경우 '글로벌 스탠다드'라고 불리는 미국식 사고, 태도, 행동 양식에 뿌리를 둔 규범에 기초한다.

플랫폼 참여자로서뿐만 아니라 파편화된 사회의 구성원으로서 생산적인 상호작용을 통해 원하는 것을 취하기 위해서는 플랫폼의 규약, 더 나아가서는 사회의 규범, 더 나아가서는 글로벌 스탠다드를 익히고 실천해야 한다. 이때 사회는 생산적인 상호작용을 위해 구성원이 공유하는 기본적인 가치를 정의하고 교육해야 한다. 그렇지 않으면 구성원들이 엄청난 스트레스를 겪으며 살아가야 할 뿐만 아니라 구성원 간의 갈등으로 인한 엄청난 사회적 비용을 지불해야 할 것이다.

최근 패션 플랫폼을 중심으로 번진 가품 판매 논란은 상호작용(거래)을 위한 최소한의 프로토콜이 지켜지지 않아 발생한 사례다. 한 소비자가 온라인 패션 쇼핑몰 무신사에서 구매한 명품 티셔츠를 리셀 플랫폼 크림에서 판매하려고 하자, 크림 측에서 해당 제품이 가품이라고 공지하면서 문제가 발생했다. 국내 1위 패션 플랫폼인 무신사의 명성을 믿고 제품을 구매했던 소비자는 일순간에 가품 판매자로 낙인이 찍혔으며, 이후 문제가 커지자 양 플랫폼 간의 갈등은 법정 다툼으로 이어졌다. 결과적으로 티셔츠 제조사가 가품 판정을 내리면서 무신사의 명성도 크게 타격을 입었다.

플랫폼 참여자들의 원활한 상호작용을 위한 규약의 학습과 실천은 일상의 예절 교육에 뿌리를 두고 있다. 플랫폼의 성장과 함께 사회 구성원의 삶과 일의 공간이 플랫폼으로 옮겨졌을 뿐, 기본 예절은 여전히 유효하기 때문이다. 하지만 우리 사회는 기능만을 가르치고 배운다. 운전하다 보면 차선을 바꾸기 위해 끼어들고자 하는 운전자와 끼어드는 차를 밀어내고자 하는 운전자 간의 시비를 종종 목격할 수 있다. 운전면허증을 취득하면서 자동차 작동법과 교통 체계 그리고 관련 법규는 익혀도 운전 예절은 배우지 않기에 생겨나는 일이다. 운전 예절은 말할 것도 없고 보행 예절, 식탁

예절, 공공장소 예절 등 사회 구성원으로서 살아가는 데 필요한 기본 예절을 지키지 않는 경우도 많다.

서로의 다름을 인정하되, 함께 살아가는 데 필요한 소통 방식과 행동 양식에 대한 최소한의 약속을 지키고 가르쳐야 한다. 이때 유년기와 청년기의 도덕 교육이 얼마나 중요한지는 아무리 강조해도 지나침이 없다. 학교의 도덕 교육은 일상에서 필요한 실천적인 내용보다는 관념적인 내용으로 채워져 있고, 그마저도 형식적으로 진행될 뿐이다. 입시 위주의 교육 기제 속에서 가정도 학교도 도덕 교육에 관심을 두지 않은 지 오래다. 그러나 유년기와 청소년기에 주변과의 상호작용을 통해서 형성되는 가치관은 우리의 지각과 태도, 행동에 영향을 미친다. 어린 시절의 도덕 교육이 평생 삶을 지배하는 기준을 만들어내는 것이다.

도덕 교육을 사회 구성원의 사고와 행동을 경직된 틀 속에 가두는 불합리한 유교 문화 또는 독재 시대의 잔재쯤으로 치부하는 시각도 있지만, 도덕 교육은 사회 구성원이 공유하는 사고의 틀과 행동 방식을 다음 세대에 전달해 구성원 간의 소통을 보다 생산적으로 하기 위한 노력이다. 도덕 교육이 제대로 이루어질 때 구성원 간의 불필요한 갈등으로 인한 사회적 비용도 줄일 수 있다.

잉여 자원의 활용도를 높여 최대한 비용을 억제하면서 시장의 다양한 욕구를 충족시킬 수 있는 대안으로 플랫폼이 주목받고 있다. 플랫폼을 기반으로 상품도 노동력도 관계도 잘게 쪼개져 거래되면서 파편화는 더욱 심화될 것이다. 그 과정에서 가족, 조직, 사회 구성원을 하나로 묶어두었던 가치관은 점점 더 희석되어갈 것이다. 그리고 구성원들이 공유하는 가치관을 구현하기 위한 법과 제도는 다양한 가치와 충돌하며 혼란을 가중시킬 것이다.

조직도 사회도 함께 공유해야 하는 가치를 정의하고 구현하지 못하면 끊임없는 갈등으로 사회적 비용이 증가할 수밖에 없다. 더 나아가 사회의 존립이 흔들리는 상황에 놓일 수도 있다. 급속한 변화 속에 많은 기업은 혁신을 외치고 있다. 사회도 예외는 아니다. 하지만 구성원들이 동의하는 혁신의 지향점을 찾아내어 공유하는 데는 소홀하다. 지향점을 잃은 혁신은 성장을 위한 도구가 아닌 파멸을 초래하는 도구가 될 수 있음을 인지해야 한다.

> 플랫폼 기반의 혁신도 세월을 이겨내는 가치, 구성원을 하나로 묶어낼 수 있는 가치를 만들고 지켜내기 위한 수단임을 잊지 말아야 한다. 플랫폼 기반의 혁신을 통해서 구성원들이 혁신의 성과를 나눌 수 있는 길을 찾아야 한다.

구성원 개개인의 가치가 공존하고 모두가 상생할 수 있는 생태계를 구현하기 위해 플랫폼 경제는 탈중앙화와 탈표준화를 지속적으로 추구할 것이다. 이 과정에서 자신의 가치를 우선시하면서도 타인의 가치를 존중하고 다양성을 수용하는 자세가 구성원들에게 요구된다. 사회가 강요하는 획일화된 가치는 지양하되, 다양한 구성원과의 소통을 위해 규약을 익히고 실천해야 한다.

'인간미'를 강점 삼아라

플랫폼의 성장으로 파편화된 관계 속에서 파편화된 노동력을 제공하며 극한의 경쟁 시대를 살아가는 근로자들에게 따뜻한 인간 관계는 그리움의 대상이다. 4차 산업혁명이 전개되면서 머지 않은 미래에 노동력을 대신하는 기계와 경쟁해야 하는 상황에 놓이게 되면 사람의 향기가 더욱 그리워질 것이다. 최근 다양한 취미를 공유할 수 있는 소모임형 플랫폼에 대한 관심이 증가하는 이유도 여기에 있다. 여행 액티비티부터 사소한 취미까지 공유가 가능한 프립, 자신의 재능을 다른 사람에게 전수해주는 탈잉, 같은 책을 읽고 각자의 생각을 공유하는 트레바리 등 다양한 종류의 소모임 플랫폼에서 참여자들은 온라인에서의 만남을 오프라인으로 이어가며 새로운 관계를 만들어가고 있다.

파편화된 사회에서 인간의 향기를 그리워하는 구성원의 모습을 통해 극한의 경쟁 시대를 살아가기 위한 지혜를 얻을 수 있을지 모른다. 숙지한 매뉴얼대로 고객을 기계적으로 응대하는 점원이라면 기계가 대신해도 고객은 아쉬울 것이 없겠지만, 오랜 시간 소통하며 자신의 취향을 이해하는 점원이 사라지면 아쉬울 것이다. 키오스크로 식사를 주문하면서 안부를 물으며 친절하게 메뉴를 설명해주던 점원이 그리울 수도 있고, 모바일로 식재료를 주문하면서 찬거리를 사며 소소한 잡담을 나누던 동네 슈퍼 주인이 그리울 수도 있다. 마주하는 일과 사람을 마음으로 대하면서 인간적인 관계를 맺어가는 근로자일수록 기회가 쉽게 찾아올 것이다.

한 치 앞이 보이지 않는 극심한 경쟁 속에서 파편화된 관계를 통해 파편화된 노동력을 제공하는 근로자에게 인간적인 태도를 기대하기란 어렵다. 스마트폰을 보다가 무표정한 얼굴과 피곤한 말투로 마지못해 고객을 응대하는 근로자들, 고객의 욕구를 살펴기보다는 기계적으로 매뉴얼에 따라 고객을 응대하는 근로자들, 소속 집단과 준거 집단의 간극에서 야기되는 고뇌와 상처로 마음의 벽을 쌓아 올린 근로자들, 그들의 마음은 그들의 몸과 함께 일터에 있지 않다.

마주하는 일과 사람을 부정하고 싶은 순간, 그 일과 사람을 마주해야 하는 자신을 부정하고 싶은 순간조차 마음을 담아 대해야 살아남을 수 있다. 매화가 추운 겨울을 견디고 꽃을 피우며 향을 내듯이, 사람은 삶 속의 상처가 아물어가며 향기를 낸다. 지금 나의 모습이 내가 원하는 모습이 아닐지라도, 현재의 자신을 인정하고 오늘을 출발점 삼아야 원하는 미래로 나아갈 수 있다.

대만 최고의 갑부이자 포모사 그룹의 설립자인 왕용칭 회장은 어려운 환경 속에서도 주어진 일을 소중히 여기며 최선을 다해 성공을 일구어왔다. 그는 1932년 16세의 나이로 대만의 자이시에서 쌀가게를 개업한다. 왕융칭의 쌀가게는 유동 인구가 거의 없는 외진 지역에 위치했으며 주변에 이미 30여 개의 쌀가게가 있어서 입지 조건이 좋지 않았다. 하지만 고객을 위한 왕융칭의 세심한 배려로 쌀가게는 성장을 거듭하며 향후 포모사 그룹 설립의 재정적 기반이 된다. 당시에는 도정 공정이 낙후되어 시장에서 판매되는 쌀에 돌이 많이 섞여 있었는데, 왕융칭은 고객의 수고를 덜어주기 위해 쌀에서 돌을 골라낸 후에 판매했으며 노인 인구가 많은 지역 특성을 감안해 고객의 집까지 가서 쌀독에 쌀을 부어주었다. 마음을 담아 일과 사람을 대한 것이 그의 성공 비결이다.

왕융칭은 포모사 그룹의 직원에게 늘 마음을 담아 일과 사람을 대할 것을 강조했으며, 신입 사원을 채용하는 과정에서도 그것을 중요한 기준 삼았다. 한번은 포모사 그룹의 신입 사원 면접장에 구겨진 종이가 떨어져 있었다. 대부분 지원자가 그냥 지나쳤는데, 한 지원자가 구겨진 종이를 주워 가방에 넣었다. 그러자 면접관이 그에게 종이를 가방에서 꺼내어 종이에 무엇이 적혀 있는지 읽어보라고 했다. 종이에는 "당신의 입사를 축하합니다"라고 적혀 있었다. 그 지원자는 훗날 포모사 그룹의 최고경영자로 성장했다.

삶에 필요한 지혜는 대부분 관계를 통해 학습되고, 삶의 성공도 결국 관계를 통해 만들어진다. 하지만 경쟁에 지치고 사람에게서 상처받은 이들은 직접 관계를 만들려고 노력하기보다는 인터넷에서 보고 싶은 정보와 콘텐츠만을 취하며 스스로 만든 틀 속에 자신을 가두어버린다. 모순되게도 정보와 콘텐츠의 홍수 속에서 그들의 삶은 갈수록 편협해진다.

조직과 사회는 주변과 소통하며 주변을 배려하는 이타적이고 능동적인 구성원을 선호한다. 여기에 기회가 있다. 자신을 가두어놓은 벽을 허물고 주변의 목소리에 귀를 기울인다면 이전보다 쉽게 성공의 기회를 접할 수 있을 것이다.

사람의 향기가 그리운 시대, 이력서에 스펙 한 줄을 더 채워 넣기 위해 노력하기보다 주어진 위치에서 마음을 담아 오늘 하루를 채워가는 것이 성공의 비밀일지도 모른다.

경계를 넘나드는 배우가 되어라

하루 일과를 마치고 집에 들어서면 로봇이 우리의 표정과 말투를 살펴 기분을 파악하고, 상황에 어울리는 음악을 틀어준다. 피로를 풀어주기 위해 따뜻한 목욕물을 받아주기도 하고 시원한 맥주 한 잔을 가져다주기도 한다. 물론 목욕물의 온도도 맥주의 브랜드도 로봇이 학습한 우리의 습관에 맞추어 취향대로 서비스한다.

머지않아 현실이 될 수도 있는 미래의 한 장면이다. 우리는 지금도 빅데이터와 인공지능 기반의 맞춤형 서비스를 통해서 취향에 맞는 상품을 편리하게 선택할 수 있다. 하지만 맞춤식 서비스에 익숙한 우리는 편협함을 키우고 있는지도 모른다. SNS나 포털에서 나와 같은 견해를 가진 이들과 친구를 맺고 그들이 생산하고 공유하는 정보만을 접하며, 나와 같은 관점으로 현상을 해석하는 뉴스만을 취한다. 어쩌면 우리는 넘쳐나는 정보를 접하면서도, 제한적으로 정보를 접하던 시절보다 더 편협하고 경직된 삶을 살아가고 있는지도 모른다.

라디오로 음악을 듣던 시절에는 원하는 한두 곡을 듣기 위해 몇 시간을 기다리며 취향이 아닌 곡들도 들어야 했다. 또 9시 뉴스와 신문이 세상의 소식을 접할 수 있는 주요 통로였던 시절에는 채널을 9시 뉴스에 고정한 채로 관심이 없는 뉴스도 들어야 했고 신문 지면을 살펴보면서 읽기 싫은 글들도 접해야 했다. 그러한 과정을 통해서 다양한 관점으로 세상을 대할 수 있었지만 이제는 그렇지 않다. 많은 사람이 제한적인 경험을 통해 알고 있는 것이 세상의 진리이며 전부라고 믿는다. 다름을 인정하지 못하고 그 다름을 틀렸다고 치부한다.

그러나 다양한 조합을 실험하면서 원하는 경우의 수를 찾아내야 하는 플랫폼 시대의 삶이 가장 경계해야 할 대상은 편견과 선입견이다. 고정 관념으로 세상을 보고 치우친 관점으로 현상을 해석하다 보면 다가오는 위기도 기회도 인지하지 못하고 불필요한 비용만 지불한 채로 원하는 해답은 찾아내지 못할 것이다.

4차 산업혁명과 함께 인간의 노동이 기계에 의해 대체될 때, 인간이 지켜낼 수 있는 마지막 영역은 전문 지식도 숙련된 기술도 아닌 통찰력, 즉 개별적인 사실이나 현상을 보고도 그와 관련된 전반적인 실태나 본질을 꿰뚫어 보는 능력을 요구하는 영역일 것이다. 하지만 일부 매체를 통해서 보고 싶은 것만 보고 듣고 싶은 것만 듣는 우리는 오히려 하나를 알고서 열, 백을 알고 있다는 착각에 빠지기 쉽다. 선입견과 편견을 걷어내고 열린 마음으로 정보를 접하고 주변의 현상을 다양한 관점에서 해석하려는 노력이 필요하다. 그래야 하나를 알고도 열, 백을 헤아리는 통찰력을 키울 수 있다.

빅데이터와 인공지능 기반의 개인화 서비스를 이용하면 일상 속에서 선택 비용을 줄여 생산성을 높일 수 있고, 보다 많은 여가를 취향대로 즐기며 욕구를 충족할 수도 있다. 하지만 때로는 불편함을 걷어내고 취향이 아닌 것들도 보고 들어야 한다. 나와 다른 취향과 견해를 가진 이들과도 어울리며 그들의 관점을 이해하려는 노력을 통해 삶의 관계에서도 균형을 찾아가야 한다.

선입견의 위험성은 '실리콘밸리의 괴물' 엘리자베스 홈스와 테라노스의 사례를 통해서도 알 수 있다. 제2의 스티브 잡스로 불리며 세계적인 관심을 끌었던 엘리자베스 홈스. 그녀는 2003년 스탠퍼드대학교 화학과를 중퇴하고 싱가포르의 한 유전자 연구소에서 근무했던 경험을 토대로 19세의 나이에 바이오 스타트업 테라노스Theranos를 창업했다. 테라노스는 손가락 끝에서 채취한 피한 방울로 260여 개의 질병을 진단할 수 있는 의료 검사기 에디슨을 개발하며 실리콘밸리를 대표하는 혁신 기업으로 떠올랐고, 기업 가치는 한때 90억 달러까지 치솟았다.

홈스의 거침없는 언변과 검은색 터틀넥은 스티브 잡스를 연상케 했고 그녀는 혁신의 아이콘으로 떠올랐다. 외교 분야 공무원이었던 부모 덕분에 어린 시절부터 다양한 문화와 언어를 접하며 쌓은 국제적 소양과 외국어 실력은 그녀를 더욱 돋보이게 했으며, 젊은 나이에 제3세계 어린이들을 가난과 질병으로부터 구하겠다는 신념으로 연구에 매진하는 그의 모습에 대중은 열광했다. 조지 슐츠, 헨리 키신저 전 미국 국무장관, 조 바이든 미국 대통령 등 명사들이 기꺼이 그녀의 멘토를 자처했다. 홈스는 시대가 원하는 완벽한 인재상이었고 방송과 언론에 비친 그녀는 너무나 매력적이었다. 시장은 환호했고 투자는 줄을 이었다.

하지만 그녀의 사기극은 오래가지 못했다. 2015년 〈월스트리트저널〉이 테라노스가 개발한 의료검사기 에디슨이 미 식품의약처에서 인증받은 검사는 헤르페스 단 하나뿐이었으며, 테라노스를 경영하면서 전횡을 일삼던 최고운영책임자 라메시 발와니와 홈스가 연인 사이였음을 폭로한 것이다. 홈스와 발와니는 각종 금융

사기 혐의로 기소되었고 남은 자산을 투자자에게 돌려주기로 하고 2016년 회사 문을 닫았다.

어떻게 이러한 사기극이 가능했을까? 제2의 스티브 잡스를 꿈꾸는 사람들과 투자자들이 몰려드는 벤처 기업의 성지 실리콘밸리는 인재와 자금을 흡수하기 위해 흥미로운 이야기로 포장된 영웅들을 끊임없이 만들어낸다. 창업을 꿈꾸는 수많은 이는 번득이는 아이디어 하나로 역경을 극복하고 창업에 성공한 영웅을 바라보며 힘든 시간을 견뎌낸다. 홈스는 영웅에 목말라하는 실리콘밸리와 흥미 위주로 무책임한 보도를 일삼는 언론과 방송이 만들어낸 괴물이었다.

편견과 선입견에 가려져 본질을 헤아리지 못하고 허상을 좇는 삶은 늘 대가를 치른다. 홈스의 사례처럼, 미디어를 통해서 연출된 유명인의 모습에 마음을 뺏겼다가 실망하는 경우도 많다. 극심한 변화 속에 속도가 경쟁력인 시대가 전개되면서 수많은 편견과 선입견은 더욱 강력하게 우리의 삶을 지배하고 있다. 장문보다는 단문, 문자보다는 사진과 그림에 익숙해져 가는 우리는 SNS에 남겨진 글 몇 줄과 사진 몇 장으로 스테레오타입을 만들어 현상을 선택적으로 지각한다.

물론 "신은 마음을 보고 사람은 겉모습을 본다"는 말처럼 누군가의 겉모습은 우리의 행동에 분명 영향을 미친다. 심리학자 니콜라 게겐Nicolas Guéguen과 나탈리 피쇼Natalie Pichot의 실증 연구도 이를 증명한다. 남루한 작업복 차림의 사람이 무단횡단을 했을 때 보다 말쑥한 신사복 차림의 사람이 무단횡단을 했을 때 주변 사람들이 무단횡단을 따라 할 확률이 4배 높다는 연구 결과가 있다. 또한 레너드 빅먼Leonard Bickman의 실증 연구에 의하면 공중전화 부스에 동전을 두고 나온 후에 다음 순서의 사람이 통화를 마치고 나올 때 동전을 본 적이 있는지 물어보면 말쑥한 신사복 차림의 사람에게 동전을 돌려줄 확률이 남루한 작업복 차림의 사람에게 동전을 돌려줄 확률보다 2배 높다고 한다.

누구든 선입견과 편견에서 벗어날 수는 없다. 하지만 지각과 의사결정 과정에서 발생하는 이런 오류를 경계하고 최소화하지 않으면 사회는 더 많은 대가를 치러야 할 것이다.

디지털 기반의 플랫폼이 견인하는 새로운 패러다임 속에서 우리는 실시간으로 환경의 변화를 접하고 자신의 견해를 쏟아낸다. 그 과정에서 본질을 이해하기 위해 타인의 견해에 귀를 기울이고자 하는 노력도, 타인을 존중하고 배려하고자 하는 노력도 찾아보기 힘들다. 자신의 것과 다른 견해를 인정하지 못하는 이들, 더 나아가 자신의 것과 다른 견해를 가진 타인의 존재조차 인정하지 못하는 이들에 의해 온라인 공간은 이미 감정의 배설구가 된 지 오래다. 최근 온라인에 넘쳐나는 악성 댓글에 상처를 받고 정신질환을 앓는 이들도 있고, 견디다 못해 목숨을 끊는 이들도 간혹 있다. 인터넷 사용자의 행태 분석을 위한 각종 설문 조사 결과를 보면, 악성 댓글을 접하는 인터넷 사용자 대부분은 불편한 감정을 느낀다고 한다. 한국리서치가 2020년 악성 댓글에 대한 국민 인식을 조사한 결과 국민의 88퍼센트는 악성 댓글이 심각하다고 인식했으며, 선플보다 악플이 더 많다고 인식했다.

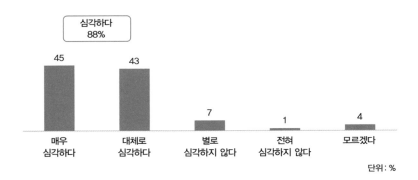

악성 댓글의 심각성에 대한 인식

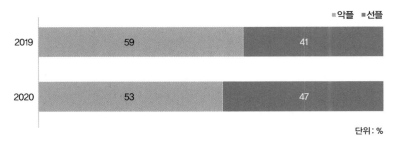

온라인상 댓글 비율에 대한 인식

이를 의식한 카카오와 네이버는 댓글과 관련된 정책을 보완하고 인공지능을 활용해서 악플에 대한 강력한 제재를 시행하고 있다. 그럼에도 악성 댓글의 수는 오히려 증가하는 추세다. 악성 댓글에 불편한 감정을 느끼는 것이 아니라 자신과 견해가 다른 댓글에 불쾌감을 느끼는 것일지도 모른다. 자신의 견해와 같은 댓글에는 환호하면서 말이다.

다가오는 4차 산업혁명으로 인한 가장 큰 변화로 꼽을 수 있는 것은 만물이 서로 연결되고 소통하는 초연결사회로의 진입이다. 인류는 산업사회가 효율적인 대량생산을 위해 인위적으로 구분 지었던 영역을 허물고 플랫폼을 매개로 융복합을 통해 새로운 성장을 모색하고 있다. 서로의 다름을 인정하지 못하고 틀림으로 인식하는 문화는 성장의 걸림돌이다.

우리 사회는 편향된 가치관과 편 가르기를 요구한다. 내 편에 속한 이가 아니면 적이고 싸워서 이겨야 할 대상일 뿐이며, 내 편에 속한 이들은 무한한 신뢰의 대상이다. 중간 지대에 위치한 이들은 회색분자라는 오명을 쓰고 끊임없이 선택을 강요받는다. 조직의 구성원으로서 더 나아가 사회의 구성원으로서 사안에 따라 다른 의사결정을 하기는 쉽지 않아 보인다. 그래서 우리는 자신을 고정된 자아 속에 가두고 한 발자국도 움직이려 하지 않는다. 하지만 이제 모든 영역의 경계가 지워지면 이분법적인 접근으로는 경쟁력을 확보하기 힘들어질 것이다.

이제는 고정된 자아의 벽을 허물고 복수의 인격을 실험하며, 무대와 대본에 따라 주어진 역할을 멋지게 소화해내는 배우와 같은 삶을 살아야 한다.

이러한 트렌드를 반영하듯 최근 들어 여러 SNS 플랫폼에 따라서 각기 다른 정체성을 가지고 활동하거나 더 나아가 하나의 SNS에서 여러 계정을 사용하는 사례가 증가하고 있다. 최근 카카오톡은 '멀티프로필' 기능을 도입해 사용자들이 업무용 계정과 일상용 계정을 구분할 수 있도록 했다.

우리는 새로운 시대를 맞아서 모바일을 통해 접한 현상을 자신의 틀 속에서 재단하며 편협함을 키울 것이 아니라 그 틀을 깨는 도구로 활용해야 한다. 경청의 자세를 가지고 유연한 사고로 영역을 넘나들며 새로운 기회를 찾아가는 멋진 배우가 되어야 하지 않을까.

PLATFORNOVATION

- 플랫폼 시대의 핵심 역량은 '통찰력'과 '소통능력'이다. 스페셜리스트이자 제너럴리스트인 T자형 인재, 핵심 영역을 선점하는 거미형 인재, 상황에 따라 변화하는 나비형 인재가 주목받는다.

- 인공지능의 발달로 기술이 대중화되면 개인의 경쟁력은 지식과 기술이 아닌 평판으로 좌우될 것이며, 더 나아가 평판은 플랫폼 경제의 화폐가 될 것이다.

- 플랫폼에서 극한의 경쟁으로 내몰리지 않기 위해서는 기계로 대체하기 어려운 영역에서 전문성을 키워야 한다. 이때 NFT(디지털 콘텐츠에 대한 보증서)가 자신만의 영역을 만들어가는 근로자들에게 창작 동기를 부여하고 그들의 혁신 노력을 보상해줄 수 있다.

- 탈중앙화와 탈표준화를 추구하는 플랫폼 경제에서는 자신의 가치를 우선시하면서도 타인의 가치를 존중하는 자세가 필요하다. 원활한 소통을 위해 공동의 규범을 익히고 실천해야 한다.

- 플랫폼을 기반으로 사회가 파편화되면서 인간적인 관계에 대한 욕구가 커지고 있다. 마음을 담아 주변과 소통하는 이타적인 구성원은 이전보다 쉽게 성공의 기회를 접할 수 있을 것이다.

- 플랫폼의 맞춤형 서비스는 편견과 선입견을 강화하기도 한다. 유연한 사고의 틀을 가지고, 주어진 역할을 소화하는 배우가 되어라.

플랫폼을 지배하는 자가
미래를 지배한다

4차 산업혁명이 2016년 세계경제포럼에서 언급된 이후 미래에 대한 막연한 기대감과 불안감이 사회에 공존했다. 사물인터넷, 빅데이터, 인공지능, 로보틱스 등의 기술을 기반으로 자동화와 지능화가 진행되면 산업의 생산성이 획기적으로 향상되어 인류의 삶이 더욱 풍요로워질 것이라는 긍정적인 시각과 산업구조가 재편되면서 일자리가 줄어들고 고용이 불안해져 사회 갈등이 고조될 것이라는 부정적인 시각이 엇갈리면서, 실체가 불분명한 4차 산업혁명에 기인하는 미래의 불확실성이 사회의 화두가 되었다.

하지만 2020년 초 코로나19 팬데믹으로 일상이 마비되면서 손에 잡히지 않던 4차 산업혁명의 실체가 조금씩 모습을 드러냈다. 새로운 일과 삶의 방식을 모색하는 과정에서 4차 산업혁명과 함께 회자되던 기술에 대한 투자가 활성화되고 새로운 기술에 기반을 둔 비즈니스모델이 시장에 소개되면서 4차 산업혁명이 견인하는 미래의 모습이 그려지기 시작했다. 모순적이지만 코로나19로 인한 위기가 미래에 대한 불확실성을 조금씩 걷어내고 있는 셈이다. 하지만 급물살을 타고 있는 변화의 속도를 실감하면서 사회 구성원들은 미래에 대한 두려움을 떨치지 못하고 있다.

산업사회의 틀 속에서 현재의 변화를 해석하면 미래에 대한 막연한 두려움만 생길 뿐이다. 역사의 흐름 속에서 시장이 직면한 문제를 해결하기 위한 필연적인 과정으로 이해해야 한다. 한계에 직면한 산업사회의 패러다임 대신, 유휴자원의 활용도를 높여 시장의 비효율성을 해소하면서 시장의 다양성을 흡수할 수 있는 대안을 찾아가는 과정이다. 그리고 빅데이터, 인공지능 등의 기술이 견인하는 지엽적인 변화가 아닌 이러한 기술을 기반으로 구동되는 플랫폼이 견인하는 구조적인 변화에 주목해야 한다. 플랫폼은 4차 산업혁명이 견인하는 새로운 시대의 일과 삶의 틀을 제공할 것이기 때문이다.

하지만 플랫폼에 대한 시장의 논의는 여전히 플랫폼을 도구로 인식하는 관점에서 진행되고 있다. 서점과 유튜브에 넘쳐나는 대부분의 플랫폼 관련 도서와 강의는 시장을 지배하는 구글, 아마존, 넷플릭스 등 귀에 익숙한 일부 플랫폼 사업자들의 성공 사례를 분석하고 플랫폼의 구축과 운영 방안을 제시하는 데 그치고 있다. 《플랫포노베이션하라》에서는 플랫폼의 등장 배경을 시장 역사의 흐름 속에서 살펴보고, 산업사회의 한계를 극복하고 자본주의의 폐해를 최소화하기 위한 새로운 시대의 틀로서 플랫폼을 정의하고자 했다. 그리고 상생의 철학을 기반으로 시장의 갈등을 조정하면서 다양한 요구를 담아낼 수 있는 유일한 대안으로 플랫폼을 소개했다.

물론 최근 시장에서는 플랫폼이 구현하고자 하는 상생의 철학을 훼손하는 다양한 플랫폼의 폐해가 발견된다. 또한 산업사회에서 마련된 법과 제도를 토대로 강력한 리더십을 통해 플랫폼의 폐해를 최소화하려는 정부의 노력은 시장의 혼란을 가중하고 있다. 정부는 새로운 시대를 담아낼 수 있는 법과 제도를 마련하여 플랫폼의 성장을 지원하면서 시장 주체 간의 상생을 조성할 수 있는 환경을 구현해야 한다.

또한 복잡계 이론, 양자컴퓨팅, 블록체인, 메타버스 등 최근 시장에 소개되는 새로운 개념과 기술을 플랫폼 기반의 비즈니스모델을 구현하기 위한 도구로 이해하고, 이들이 완전체로 진화하는 시장에 어떤 영향을 미치는지 살펴보는 노력이 필요하다. 이러한 노력을 통해 플랫폼이 견인하는 미래를 선명하게 구조적으로 이해할 수 있기 때문이다.

필자는 플랫폼 시대의 경쟁 우위를 확보하기 위한 플랫폼 기반의 모든 혁신 활동을 '플랫포노베이션'으로 칭하고, 플랫포노베이션이 추구해야 하는 방향성을 제시했다. 기업은 모듈화된 상품을 소비자가 조합해서 사용할 수 있는 환경을 플랫폼을 통해서 제공해야 한다. 그리고 제품을 판매해서 수익을 만들기보다는 제품의 수명주기와 고객의 경험을 관리하면서 수익을 만드는 비즈니스 모델을 구현해야 한다. 이때 시장에 신뢰를 주는 매력적인 브랜드는 기업에 경쟁 우위를 제공할 것이다.

플랫포노베이션을 기반으로 급변하는 시장에서 삶을 영위하려면 변화의 흐름을 읽어내는 통찰력을 가져야 한다. 그리고 변화의 흐름에 맞춰 자신의 전문성을 다양한 분야에 접목해 상황이 요구하는 가치를 창출해야 한다. 한 분야의 좁고 깊은 지식과 다양한 분야의 넓고 얕은 지식이 동시에 요구되는 이유다. 또한 플랫폼에서 파편화된 노동력을 제공하면서 삶을 살아내기 위해서는 환경과의 원활한 소통이 필수적이다. 단편적인 고용관계를 맺기 위해 끊임없이 사용자를 설득하고 사용자로부터 선택받아야 하기 때문이다. 사회가 요구하는 가치관에 기반을 둔 플랫폼의 규약을 준수하면서, 상황에서 주어진 역할을 멋지게 소화하는 매력적이고 신뢰 가는 배우가 되어야 한다.

PLATFOR
NOVATION